JN022562

地域金融機関の合併の実務

これからの
経営統合・合併を考える

アビームコンサルティング
大野 晃

サインポスト
西島康隆

著

一般社団法人**金融財政事情研究会**

はじめに

　2019年10月2日付日本経済新聞朝刊に「地銀再編「様子見」7割超」という記事が掲載された。地方銀行103行が将来の合併や経営統合をどのように考えているのかの調査結果であったが、その記事によると全体の4分の1が可能性を含め再編を模索している、とのことであった。これを多いとみるか少ないとみるかは人により意見が異なると思うが、このように昨今、新聞紙面や雑誌等で地域金融機関の話題をみない日はないぐらいあらゆるメディアで取り上げられている。なかでも業界再編や経営統合という文脈で取り上げられることは2014年後半以降劇的に増え（前年比約3〜6倍増、日経テレコン調べ）、現在も地域金融機関（特に地方銀行）の決算発表の際には、必ずといってよいほど「将来的な経営統合を考えていますか」等の質問が記者から寄せられている。また、2019年4月に公表された日本銀行による「金融システムレポート」や2019年8月に公表された金融庁による金融行政の方針をまとめたレポート（利用者を中心とした新時代の金融サービス〜金融行政のこれまでの実践と今後の方針〜）等に代表されるとおり、将来の地域金融機関の事業存続可能性に警鐘を鳴らし、金融機関のビジネスモデル変革を促し、必要に応じて経営統合等のドラスティックな対応の必要性までをうたっている。これは一体どういうことなのだろうか。

　もともと「金融は経済の血液」といわれるとおり、金融機関の重要性は強く理解されていたものの、バブル崩壊時であっても当局やマスコミがここまで地域金融機関をターゲットにした動きをみせることはまれであった。しかしながら、ここまで注目されるようになったのは、全国規模での人口減少やそれに伴う地方経済の衰退等の問題を解決していく動きのなかにおける「地域金融機関」という存在の重要性に対して、当局や利害関係者のみならず、マスコミや一般国民までもが、将来に対する危機感やその対策が十分でないと強く認識するようになったことを示しているのではないか。

現在、地域金融機関を取り巻く環境は非常に厳しい。バブル崩壊以降、主要金融機関はおおむね３メガバンクを中心に集約され、長期信用銀行は役目を終えた。一方で地域金融機関は、信用金庫や信用組合の再編が進みながらも、地方銀行は主に持株会社下の経営統合の動きにとどまることが多く、銀行数という点では大きな変化はなく時が過ぎてきた。しかし、昨今の人口減少、異業種参入、マイナス金利の長期化、FinTechをはじめとしたデジタライゼーションの進展等の大きな外部環境変化にさらされ、従前のようには収益をあげにくくなるなかで、救済統合を含め再編が必須という論調が各所で強く主張されるようになった。もちろん、経営統合ですべてが解決するわけはなく、「地域を支える」「地域とともに発展する」というような地域金融機関としての経営方針を大前提にしつつもビジネスモデル「変革」を実現しないと、それも相当なスピード感をもって取り組んでいかないと生き残っていけないという状況の金融機関は多々あると思われる。

　このような環境下、われわれは長く地域金融機関を支援する仕事に従事してきた。なかでも、地域金融機関の経営統合や合併に多く携わってきた。その経験のなかで強く感じたのは、「金融機関内には自らの経営統合や合併を経験した人材は圧倒的に少ない」「その結果として判断に十分な情報を有しておらず、多大な苦労をしている」等の状況である。

　そもそも、経営統合や合併を判断する場合、業績問題に端を発する将来の事業継続性や統合を想定した場合のシナジー等の議論は比較的しっかりと行われるものの、いざ経営統合や合併を実行する場合の「現場に与える作業負荷」や「システムや事務を変更することで発生するリスク」や「地元顧客や役職員への影響」に対する考慮は相対的に検討が少ないと感じる。これは「経営統合や合併において何をしなくてはいけないのか」「自行の力量でどこまでできるのか」等を考えるうえで、判断するための情報が少ないことに理由の一つがあるのではないだろうか。また、経営統合や合併の決断をし、いざ実行となった場合、本来いかにすみやかに、かつ効率的に統合を実現し、本来目指すビジネスのあり方の実現に経営資源を割けるようにすることが望

ましいはずであるが、統合プロジェクトの動き出しや体制整備、プロジェクト中につど判断を要する事柄をさばいていく等のために必要な情報や経験が少なく、多大な手間や時間をかけてしまっている事例も多い。そこでささやかながら、われわれがこれまでに培ってきた知見・経験に基づき、これらの問題を抱える金融機関の皆様に対し一定のヒントや示唆を提供することができないか、と考えたのが本書を執筆するきっかけとなっている。

　本書は、地域金融機関における統合戦略立案のポイントやプロセス、また、経営統合や合併における法的な統合手続ではなく、統合を実質的に決めた後に必要となる統合計画策定以降の論点や統合実行作業全般における実務に着目したものとなる。一般的にM&Aの取組みのなかでは、ポスト・マージャー・インテグレーション（PMI）といわれる取組みである。なぜかというと、戦略立案やM&Aの法的実務も含めた一般的な指南書は世に多く存在するが、金融機関の統合の実態にあわせた実務を解説したものは意外と少ないという事実を認識しているからである。

　本書は、地域金融機関の経営統合や合併の背景と歴史を簡単に振り返ったうえで、統合の実務を計画策定から移行（合併の完了）まで順を追って説明し、最後に、これからの経営統合のなかでも、特に合併までを行うことの意味を考える主なポイントを簡単にまとめている。また、随所に経営統合・合併プロジェクトならではの現場の実態をコラムとして差し込んでみた。

　基本的には興味のあるところから読んでもらっても問題がないようまとめているつもりではあるが、実務を概観する観点からすると、第4章については冒頭から通して読んでいただけるとありがたい。各章の概要は次のとおり。ぜひ興味のあるところからのぞいてほしい。

第1章　地域金融機関を取り巻く経営環境

　地域金融機関の経営統合の背景を理解するうえで必須となる現在までの地域金融機関を取り巻く外部環境についてポイントを絞ってまとめている。

第2章　平成における地域金融機関の経営統合・合併

　　平成以降の地域金融機関の統合の変遷と主な背景に加え、地域別の経営統合の変遷も概観レベルで把握できるようまとめている。

第3章　地域金融機関の経営統合における主な特徴や留意点

　　地域金融機関の経営統合・合併の実務をより理解いただくための地域金融機関ならではの特徴や統合の検討や実行時のヒントになるポイントをまとめている。

第4章　合併プロジェクトの実務

　　地方銀行を題材に、経営統合のなかでも「合併の実務」に着目して、統合計画策定から移行（合併の完了）までを順を追って、それぞれの実務の流れや実施すべきこと、そのなかでの留意点等を極力平易な表現を心がけてまとめている。

第5章　これからの銀行合併における考察

　　今後、金融機関の経営統合、なかでも合併までを志向せざるをえない場合に考えるべき主な論点を筆者の考えも交えながら考察している。

　　本書が経営統合や合併を検討している地域金融機関の皆様にとって、また、地域金融機関と取引を行っている多くの関係者の方々にとって、経営統合や合併を行うことは、現実的な問題としてどのような取組みを行うことなのかを少しでもご理解いただけるものになれば幸いである。

大野　　晃

西島　康隆

【著者略歴】

大野　晃（アビームコンサルティング株式会社　ダイレクター）

アビームコンサルティングに入社以来20年以上にわたり、メガバンク、地方銀行、リース、ノンバンク等の金融業を中心に経営戦略立案、M&A戦略立案、システム戦略策定、新規事業立上げ、JV設立支援、経営統合支援等を担当。その他、全社BPR、集中事務センター構築、基幹システム更改等多様なコンサルティングを経験。現在、地域金融機関向け支援ならびにポスト・マージャー・インテグレーション（PMI）サービスをリードしている。

西島　康隆（サインポスト株式会社　専務取締役）

都市銀行系システム開発会社、および国内外のコンサルティングファームにて、主に銀行向けのシステム導入案件を多数経験。新規開業銀行の経営にかかわったのち、現職に至る。国内の数多くの金融機関をクライアントとし、新銀行設立プロジェクトや銀行の基幹システム再構築プロジェクト等の大型案件を担当する傍ら、FinTech導入やリスク管理手法の高度化に関するアドバイザリー等、各種のコンサルティングサービスを提供している。

目　　次

第4章　合併プロジェクトの実務

第5章　これからの銀行合併における考察

第 1 章

地域金融機関を取り巻く
経営環境

昨今、地域金融機関はさまざまな経営環境の大きな変化にさらされ、非常に厳しい状況にある。現在の認識を整理するためにPEST（Politics、Economy、Society、Technology）分析における４つの観点で整理すると、Politics（政治・制度）の観点では異次元金融緩和施策の継続、銀行法改正による規制緩和の進展、コーポレートガバナンスの強化等が、Economy（経済・市場）の観点では国内経済の長引く低インフレ・低成長、リーマンショックからの欧米銀行の回復、国内金融機関同士の貸出競争激化等が、Society（社会環境）の観点では人口の減少・高齢化・首都圏集中の進展、企業数減少の継続、デジタライゼーションの進展等が、Technology（技術）の観点では、ブロックチェーン・ビッグデータ解析・AI等の技術の進展等があげられる。

　これらの大きな環境変化によって発生している低金利長期化による収入減、異業種参入による競争激化、国内融資過当競争による収入減、法令遵守に係る対策費用の増加等が経営に大きなダメージを与えうる状況にあり、昨今は既存ビジネスからの脱却、新しいビジネスモデルの模索や展開が強く唱えられている。また、変化のスピードは近年ますます速くなり、技術の進展が新たな決済・資金調達手段を台頭させ、決済情報取得の競争激化、新サービス開発競争激化等にもつながっている。結果として常に新たな金融サービスや金融商品の開発を迫られ、先端技術活用に係る研究等に費用を割かざるをえない状況にある。以下、このような経営環境変化の主なトピックを概観する。

少子高齢化・生産年齢人口の減少

　2000年代に入ってから特に強く叫ばれるようになってきているが、少子高齢化、生産年齢人口の減少は地域金融機関の経営に大きな影響を与えている。厚生労働省の人口動態統計を確認する限りでも、日本の総人口の減少率は年々増加しており、今後も国内市場の大きな拡大は見込みにくい。国立社

図表1－1　1990年以降の生産年齢人口推移

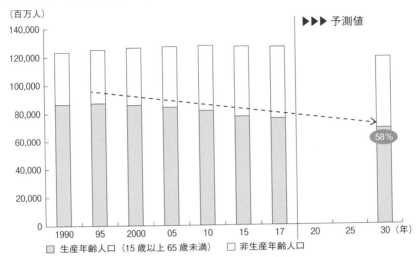

（出典）　国立社会保障・人口問題研究所公表資料をもとに作成。

会保障・人口問題研究所の「日本の将来人口推計（2017年）」によれば、生産年齢人口は1995年をピークに年々減少の一途をたどっており、図表1－1のとおり、今後のその傾向は変わらないとみられている。

　また、地域別にみても、今後15年の人口増加率は軒並み減少する見込みである。図表1－2は、2015年から2030年にかけての地域別の人口増加率予測を示している。すべての地域において、人口増加率はマイナスであることがわかる。特に、北海道（▲11％）、東北（▲14％）、四国（▲12％）の3地域は10％以上も減少する見込みである。

マイナス金利政策の影響

　2016年1月29日、日本銀行はマイナス金利政策の採用を発表した。これは民間銀行の日銀当座預金にある超過準備に対して－0.1％のマイナス金利を課すものであり、同年2月16日より適用された。当初は限定的な政策となる

図表1－2　地域別の人口増加率（2015年→2030年）

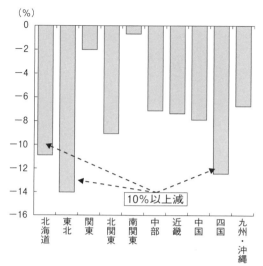

（出典）　国立社会保障・人口問題研究所公表資料をもとに作成。

とみる向きもあったが、2019年3月でマイナス金利政策導入から丸3年となり、当面は大きな政策転換を見越すことができないような状態になっている。結果として金融機関にとっては、金利低下で新規借入需要が高まったわけではなく、むしろ、金融機関の間で金利引下げ競争を煽るきっかけとなり、その収益環境を著しく悪化させてしまった。事実、2018年3月に公表された各地域金融機関のディスクロージャー誌等をみると、平均貸出利回りは低下し、1％を下回る金融機関も存在する。加えて、金融機関業績への影響にとどまらず、金融機関の金融仲介機能を低下させ適切な資源配分を妨げるなどして、長い目でみた場合に将来の経済活動に深刻な悪影響を与える可能性までも指摘されている。

金融業界に対する異業種参入の流れ

　このようななか、既存顧客基盤等を武器にした異業種の金融ビジネス参入が活発化してきた。さまざまなFinTech企業の勃興も相まって、従来の金融機関ではカバーできなかった新たな金融サービスの創出が進んでいる。

　たとえば、流通系の企業では、セブン‐イレブンやローソン等のコンビニエンスストアが、実店舗網の活用を目的にセブン銀行やローソン銀行等のATMの多機能化・委託事業を展開している。また、イオン銀行は、イオンモール来店者に対して住宅ローン、保険商品を提供している。IT系の企業では、ECサービス拡充を目的とし楽天やアマゾンが参入し、すでに預金、貸出、為替に類似した機能を有しており、「すでにサービスレベルは大手金融機関を上回る」との声もあがっている。通信サービス系の企業では、LINE Payは加盟店でのスマホアプリ決済、銀行口座を介さない友人間での送金サービス、QRコード決済等、これまでにない決済方法を提供している。NTTドコモは「dポイント」を使ったQRコード決済等を提供し、自社のスマートフォンに標準設定アプリとして搭載することで、ユーザーの獲得を図っている。

　その他FinTech等による新たなサービスを開発し展開している企業もある。たとえば、総合不動産会社ロードスターキャピタルが運営するOwnersBookでは、クラウドファンディングによる不動産の借り手の新たな資金調達手法を展開している。不動産を購入する際の自己資金（エクイティ）に当たる部分を、クラウドファンディングで募り、対象不動産が生み出す賃料収入および売却益が、投資家への配当原資となり、運用物件売却時に利益もしくは損失が生じた場合には、売却益もしくは売却損を出資持分に応じて受ける等の特徴がある。また、マネーフォワードでは、普段使っている銀行やクレジットカードを連携することで、家計の支出や口座の残高、カードの利用残高が見える化されるサービスが好評である。

金融当局の動向

　従来、金融行政の監督方針・検査方針は、平成21〜25事務年度「中小・地域金融機関向け監督方針」に代表されるように、ベター・レギュレーションを基本とした、地域金融機関の財務健全性（リスク管理と金融システムの安定）の維持を中心としていた。しかし、近年の金融行政は、健全な金融システムの確保に加え、金融仲介機能の質向上に力を入れ、「形式・過去・部分」から「実質・未来・全体」に視野を広げると明示しつつ、経営者主導の戦略策定と実行態勢のモニタリングを通し、自立的な取組みを促している。平成30事務年度「金融行政方針」では「企業・経済の持続的成長と安定的な資産形成等による国民の厚生の増大」を目的に据え、「金融育成庁」への変革を掲げ、以下7つの施策を打ち出している。

1．デジタライゼーションの加速的な進展への対応〜金融デジタライゼーション戦略〜

2．家計の安定的な資産形成の推進

3．活力ある資本市場の実現と市場の公正性・透明性の確保

4．金融仲介機能の十分な発揮と金融システムの安定の確保〜経営者の役割とガバナンス〜

5．顧客の信頼感・安心感の確保〜金融機関の行為・規律に関する課題〜

6．世界共通の課題の解決への貢献および当局間のネットワーク・協力の強化

7．金融当局・金融行政運営の改革

　また、金融モニタリングの変遷の観点から考えると、平成24事務年度までの金融庁の地域金融機関に対する検査スタイルは、「金融検査マニュアル並びに別表（別冊・中小企業融資編）」（以下「検査マニュアル」）によって明示された基準を満たしているかの検査に注力されていた。しかしながら、2017年5月に森金融庁長官（当時）が検査マニュアル廃止に関する方針を打ち出し、実際に2018年6月に公表した「検査・監督基本方針」において2019年4

月以降の検査マニュアル廃止を表明した。その後、検査マニュアルに代わり分野別の基本方針を順次公表しており、最終的に2019年12月の廃止を見込んでいる。これは「不良債権処理時代の金融機関」ではなく、「企業や経済の発展に役に立ち、国民の資産形成に役立つ金融機関」が求められている時代の潮流をふまえ、金融庁の検査・監督のあり方を大転換させることを決断したといえる。金融庁は事業性評価の強化に本腰を入れ、地域金融機関との「深度ある対話」を目指し、金融仲介機能をベンチマーク化・KPI化することや融資先企業にヒアリングを行い、その結果を公表する等、地域金融機関が地方経済にいかに貢献しているかを把握することに着目している。また、検査体制やモニタリング体制も刷新し、地域生産性向上支援チームを組成することで、「深度ある対話」を実現するための情報収集体制も構築した。

　この流れのなかで、システム統合リスクに係る管理態勢の安定化をはじめ、金融機関のITガバナンスの向上を意識した「金融機関のITガバナンスに関する対話のための論点・プラクティスの整理」を2019年6月に公表している。なお、その別紙として金融機関の経営統合の実務において重要なガイドラインとなりうる資料が公表されたので紹介したい。2002年1月の旧UFJ銀行や2002年4月のみずほフィナンシャルグループにおける大規模なシステムトラブルに端を発し、2002年12月に金融庁により「システム統合リスク管理態勢の確認検査用チェックリスト」が整備・公表された。今日まで金融庁検査はもちろんのこと、経営統合に伴うシステム対応や基幹システム更改時に各金融機関の内部監査や外部監査等の指針としても活用されてきた。2017年12月に公表された「金融検査・監督の考え方と進め方（検査・監督基本方針）（案）」を受けて本格化した検査マニュアル廃止の流れで、このチェックリストも廃止になると想定されていた。ところが金融機関におけるシステム統合に焦点を当てたガイドラインがほかでは一般に公表されていないこと等の理由から関係各所から残存要望の声が強くあったことを受け、当該チェックリストを引き継ぐかたちで2020年6月に「金融機関のITガバナンスに関する対話のための論点・プラクティスの整理」の別紙として「システム統合

リスク管理態勢に関する考え方・着眼点（詳細編）」が公表された（本内容は本書〈巻末資料〉参照）。また、同時期に「システム統合・更改に関するモニタリング・レポート」等有用な資料も公表されている。これらの資料は経営統合に伴うシステム統合や基幹システムの更改においてすべての金融機関で広く活用されることを想定している。筆者も以前よりこれらの資料は適宜活用しており、本書においても、「システム統合リスク管理態勢に関する考え方・着眼点（詳細編）」に十分に留意したものになっていることを補足したい。

デジタル化の流れ

1990年代に入り、社内では電子メールが使われるようになり、紙資料の作成をワード等でこなし、それらを共有する需要も生まれた。そのような時代を背景に情報をデジタル化して保持する「デジタライゼーション」が進展した。2000年代に入ると、スマートフォンの登場により、誰もが常時インターネットにつながる時代を迎え、ヒトとヒト、あるいはヒトとビジネス、ビジネスとビジネスがネットを介して深くかかわり連携する時代を迎えた。企業活動においては、あらゆる従来の業務等がデジタル化され、デジタル化された情報を用いて、生産性の向上や新たなサービスを実現する段階に進んだ。そして、IoTの時代を迎え、モノが直接ネットにつながり、現実世界の物事や出来事がデータとして集められ、ネットに送り出される仕組みができあがりつつある。ビッグデータ・AI・ブロックチェーンといった革新的なテクノロジーの出現により、社会基盤や顧客・パートナーを含むすべての事象と高度につながりをもち、企業全体で新たな価値創出・ビジネスの変革を達成する「デジタル・トランスフォーメーション」へと変貌しつつある。そして、ゼロに近い限界費用や低い固定費用などのコストメリット、情報の集積・分析の簡便さ、オープンな連携が可能であること、SNSによる企業・ユーザー、ユーザー間の双方向性といったデジタルの特徴により、参入障壁

の低下・デジタルプラットフォームの形成・APIエコノミーの形成・バリューチェーンの変化といった新たな競争ルールをもつデジタルエコノミーへ進展している。

　このようなデジタル化の潮流にあわせ、銀行法も改正されている。FinTech、仮想通貨等をめぐって2016年5月に金融関連IT企業等への出資の容易化を推進すべく、「銀行または銀行持株会社は、金融関連IT企業等の議決権について、基準議決権数（銀行5％、銀行持株会社15％）を超える議決権を取得・保有することを可能とする」旨の銀行法改正が行われた。この改正により、銀行業の高度化・利用者利便の向上に資すると見込まれる業務を営む会社に対して、当局の許可を得て、基準を超えた出資が可能となった。また、「仮想通貨交換業に係る制度整備」（2017年4月）により、登録制の導入、業務規定・監督規定の整備、マネーローンダリング・テロ資金供与対策等が整備された。さらには、「電子決済等代行業、オープンAPIに関する銀行法改正（2017年5月）」により、登録制の導入、規制強化、監督環境の整備、銀行におけるオープンイノベーションの推進に係る措置（オープンAPI導入に係る努力義務）等の整備がなされた。これらにより、幅広いFinTech企業が金融機関のシステムに接続できるよう、オープンAPIを提供した。一方、銀行等と電子決済等代行業者との賠償責任分担やモニタリング規定などの義務を課した。

　今後の課題・取組みとしては、法制面のさらなる対応、顧客プライバシー、匿名性や顧客情報の信頼性、非金融の情報伝達を可能とする金融インフラ、サンドボックス等によるイノベーションに向けたチャレンジ促進、サイバーセキュリティをはじめとした金融システムにおける安全面の確保等があげられる。顧客保護等を最低限としつつ、デジタル化情報が金融・非金融を問わず活用されるなか、ビジネスモデルを顧客起点で変革することが求められている。

　このように、地域金融機関を取り巻く環境は数十年に一度といわれるほどの大きな変化の渦の真っただなかにあり、各金融機関は自らの生き残りをか

け、新たなビジネスモデルの模索やそれを支えるための業務提携、経営統合等、重大な経営判断を迫られている時代といえる。次章では、地域金融機関の経営統合の流れを振り返りたい。

第 2 章

平成における地域金融機関の
経営統合・合併

地方銀行業界の再編

　平成以降の地方銀行再編の動きを概観すると、主にバブル経済崩壊以降の不良債権問題に端を発したものと（BS問題）、昨今の人口減少やマイナス金利政策の継続、さらに経済環境を大きく変革させるデジタル化の波にさらされる等の経営環境変化についていけずに、恒常的な低収益化からくる事業継続性問題に端を発したもの（PL問題）に整理することができる。

　まず、BS問題を簡単に振り返る。いわゆるバブル経済の崩壊後に、金融機関の破綻が相次ぎ、金融の機能に対する内外の信頼は大きく低下した。その結果、信用秩序の維持と国民経済の円滑な運営に重大な支障が生じることが懸念される事態となった。国は、金融システムの信頼を回復させ、その安定を図るために、預金保険法（昭和46年法律第34号）、金融機能の安定化のための緊急措置に関する法律（平成10年法律第5号。以下「金融機能安定化法」）、金融機能の再生のための緊急措置に関する法律（平成10年法律第132号。以下「金融機能再生法」）、金融機能の早期健全化のための緊急措置に関する法律（平成10年法律第143号。以下「金融機能早期健全化法」）等に基づく各種の施策を実施して、多額の公的資金を投入した。破綻または債務超過となった金融機関については、これまでに預金等の全額保護、特別公的管理、特別危機管理等の措置がとられた。

　一方、破綻はしていないものの過少資本の状況に陥るなどした金融機関に対する施策として、預金保険機構から株式会社整理回収機構（1999年3月以前は株式会社整理回収銀行。以下「整理回収機構」）に委託するなどして、金融機関が発行する優先株式等の引受け等の措置（以下「資本増強措置」）を実施してきた。21金融機関に対して金融機能安定化法に基づく資本増強措置が実施されたが、1998年8月に、当該資本増強措置を受けた株式会社日本長期信用銀行の経営問題が国会で議論されたり、ジャパン・プレミアムが再燃したりするなど、依然として金融システムに対する不安は解消されていない状況となっていた。そこでこうした状況のもと、国は、長期化する景気の低迷と

金融システムに対する信頼の確保が現下の最大の問題とする認識のもとに、わが国経済の再生のためにまず成し遂げるべきことは、金融システムが健全に機能する基盤を整えることであるとした。そして、不良債権の処理をすみやかに進めて、金融機能を早期に健全化させることにより金融システムに対する内外の信頼を回復することなどを目的として、1998年10月に金融機能早期健全化法を制定し、2002年3月までの時限的な措置として預金保険機構および整理回収機構を通じて資本増強措置を実施することとした。預金保険機構は、この資本増強措置に関する経理を区分して行うために金融機能早期健全化勘定を設けた。そして、1999年3月から2002年3月までに金融機能早期健全化法に基づき、32金融機関に対して計8兆円を超える資本増強措置が実施された。地方銀行における不良債権比率については、2002年10月に金融庁が策定した金融再生プログラムに基づいて主要行が積極的な不良債権処理を実施した結果、2008年3月期では、第一地銀平均3.7%、第二地銀平均4.4%まで低下した。

このように、資本増強行を含めて、わが国の金融機関の2008年3月期における不良債権比率は資本増強措置が実施された当時と比較して改善されており、資本増強行が一定の自己資本比率を維持しつつ不良債権処理を実施してきたものと推測される。預金全額保護の特例措置は2001年度末で終了し、2002年度からはペイオフ凍結が一部解除されたものの、決算期に近づくたびに「3月危機」が取り沙汰されるなど、金融機関の経営は安定をみなかった。2002年12月に成立した改正預金保険法で、決済用預金の導入を柱とした決済機能の全面的な保護が恒久措置として定められるとともに、ペイオフ凍結の全面解除が2年間再延期された。同日、合併促進法が成立し、「金融機関等経営基盤強化勘定」（政府保証枠1兆円）が設置された。2004年8月には、金融機能強化法が成立、2007年度末を期限として、地域金融機関に対する予防的な資本注入が可能となった。このとき、預金保険機構に「金融機能強化勘定」が設置（政府保証枠2兆円）された。

合併促進法が金融機能強化法に吸収されたことにあわせ、金融機関等経営

基盤強化勘定も2004年度末で閉鎖、金融機能強化勘定に吸収された。金融機能強化法は、当初、対象として大手行が想定されていたが、2003年に金融危機対応の枠組みが、りそな銀行、足利銀行と相次いで適用されたことから、法案作成段階で急きょ、主に地域金融機関を対象とするものとなったといわれている。このような背景のなかで、図表2－1のとおり、ほくほくフィナンシャルグループ、福岡シティ銀行やふくおかフィナンシャルグループ、フィデアホールディングス等の再編につながった。

　一方で、PL問題を概観すると、地方銀行の経営環境（金融支援継続、経営環境悪化・過当競争等）は依然として厳しく、2018年3月期の各行決算では、40行が本業において3期連続赤字となる等、従来の経営の延長線だけでは収益が伸びず、新たなビジネスモデルへの転換・改革を迫られていることが再編の原因につながっているといわれる。特に2014年1月には金融庁の畑中長官（当時）が地方銀行のトップに向かって「業務提携、経営統合を経営課題として考えていただきたい」と異例の発言をし、「今年は答えを出す年にしてほしい」と強い口調で迫ったとの話がある。そのような発言が契機になったかどうかは定かではないが、2014年以降、肥後銀行と鹿児島銀行の経営統合、横浜銀行と東日本銀行の経営統合、常陽銀行と足利HDの経営統合、東京都民銀行と八千代銀行と新銀行東京の経営統合後の合併等、再編の動きが一気に加速した感がある。加えて、2018年8月に公正取引委員会に承認された十八銀行と親和銀行の合併問題を契機に、国や地方の成長戦略を議論する「未来投資会議（議長・安倍晋三首相）」で地方の活性化等を柱に据え、経営環境が厳しい地方銀行はこれから10年間で集中的に再編を促す方針を盛り込み、同年の自民党の成長戦略に明記された。これにより、地域内でシェアが高まる経営統合の実現が比較的容易になり、より地方銀行の再編が進む可能性が高まったといえる。

図表 2 - 1　2000年以降の地方銀行業界再編の主な流れ

銀行名・グループ	内　容
ほくほくFG	北海道銀行とほくぎんFG（北陸銀行）が経営統合しほくほくFG設立（2004年 9 月）
西日本シティ銀行	西日本銀行と福岡シティ銀行が合併し、西日本シティ銀行として発足（2004年10月） ※2016年 5 月に西日本FHDを設立
ふくおかFG	福岡銀行、熊本ファミリー銀行が経営統合し、ふくおかFG設立（2007年 4 月）、九州親和HDが解散し親和銀行がふくおかFG子会社化（2007年10月）
足利HD	「野村連合」により持株会社として設立、預金保険機構より株式取得し足利銀行子会社化（2008年 7 月）
フィデアHD	荘内銀行と北都銀行が経営統合しフィデアHD設立（2009年10月）
筑波銀行	関東つくば銀行が茨城銀行を吸収合併（2010年 3 月）
関西アーバン銀行	関西アーバン銀行がびわこ銀行を吸収合併（2010年 3 月） ※次頁の関西みらいFG参照
トモニHD	香川銀行と徳島銀行が経営統合しトモニHD設立（2010年 4 月）
池田泉州HD	池田銀行、泉州銀行が経営統合し池田泉州HDを設立（2009年10月）、子会社が合併し、池田泉州銀行設立（2010年 5 月）
山口FG	山口銀行ともみじHDが経営統合し山口FG設立（2006年10月）、山口銀行から北九州銀行が分割設立（2011年10月）
十六銀行	十六銀行が岐阜銀行を吸収合併（2012年 9 月）
北洋銀行	札幌北洋HD傘下の北洋銀行が札幌銀行を吸収合併（2008年10月） ※北洋銀行が札幌北洋HDを吸収合併（2012年10月）
じもとHD	山形しあわせ銀行と殖産銀行が経営統合し、きらやかHD設立（2005年10月）、子会社が合併し、きらやか銀行設立（2007年 5 月）、仙台銀行と経営統合し、じもとHD設立（2012年10月）

紀陽銀行	紀陽銀行と和歌山銀行が経営統合し紀陽HD設立（2006年2月）、紀陽銀行が和歌山銀行を吸収合併（2006年10月）、紀陽銀行が紀陽HDを吸収合併（2013年10月）
九州FG	肥後銀行と鹿児島銀行が経営統合し九州FG設立（2015年10月）
コンコルディアFG	横浜銀行と東日本銀行を子会社とする持株会社設立（2016年4月）
めぶきFG	足利HDが社名変更し、常陽銀行と経営統合（2016年10月）
東京きらぼしFG	東京都民銀行と八千代銀行が経営統合し東京TYFGを設立（2014年10月）、新銀行東京を子会社化（2016年4月）、東京都民銀行と八千代銀行と新銀行東京が合併し、きらぼし銀行へ（2018年5月）
関西みらいFG	近畿大阪銀行を完全子会社とした持株会社として関西みらいFGを設立（2017年11月）、みなと銀行と関西アーバン銀行を統合し子会社化（2018年4月）、その後、近畿大阪銀行と関西アーバン銀行が合併し、関西みらい銀行が発足（2019年4月）
徳島大正銀行	徳島銀行、香川銀行を傘下に置くトモニHDと大正銀行の経営統合（2016年4月）、その後、徳島銀行と大正銀行が合併し、徳島大正銀行を設立予定（2020年1月予定）
十八親和銀行	十八銀行がふくおかFGに合流（2019年4月）、その後、親和銀行と合併し、十八親和銀行を発足予定（2020年10月予定）
第四北越FG	第四銀行と北越銀行を子会社にもつ持株会社設立（2018年10月）、その後、第四銀行と北越銀行が合併し、第四北越銀行を発足予定（2021年1月予定）
三十三FG	三重銀行と第三銀行を子会社にもつ持株会社設立（2018年4月）、その後、三重銀行と第三銀行が合併し三十三銀行を発足予定（2021年5月予定）

（注）　FGはフィナンシャルグループ、HDはホールディングス、FHDはフィナンシャルホールディングスの略。

なお、ここ最近は業界再編の動きの一環として包括的な業務提携の流れも目立ち始めている。2016年３月に公表された千葉銀行と武蔵野銀行における業務・資本提携である「千葉・武蔵野アライアンス」、2016年11月に公表された阿波銀行、百十四銀行、伊予銀行、四国銀行が四国創生に向けて締結した「四国アライアンス」、2019年７月に公表された「千葉・横浜パートナーシップ」等が特徴的である。これらは経営統合・合併のような一定の時間やコストがかかる取組みとは一線を画した動きと評されることもあり、経営戦略上の選択肢としてしっかりとした見極めを要する取組みであろう。

② 信用金庫・信用組合の再編

　信用金庫や信用組合はともに協同組織であり、取引企業規模や営業基盤の法的制約のなかではあるものの、さまざまな特徴的なビジネスモデルを展開しており、昨今大変注目を浴びている。営業基盤に制約があるということは、その分地域にコミットしているともいえ、リレーションシップバンキングを真摯に体現している組織も少なくない。

　しかしながら、両者は地方銀行と比較して相対的に規模が小さいこともあり、経済変動等の影響を受けやすく、再編理由はさまざまではあるものの、地方銀行に先行して再編が進んできたともいえる。また、再編を後押しする制度が与える影響も大きい。具体的には、2002年までは信金中央金庫の相互援助制度、2002年以降は先述した預金保険制度を主とした金融庁による合併促進施策等である。経営難に陥る信用金庫は体力のある近隣の信用金庫が救済合併するケースが多く、救済に充てる資金を信金中央金庫が援助する制度が相互援助制度であった。一方、有力信金を中心に業界内では、預金保険料と並行しての相互援助制度の拠出負担に反対する意見が強かったことから、出資金の全額保護を改め、2001年以降は最低出資金に限定して保護する制度に変更した。そして2002年以降は相互援助制度が廃止された。

　ほかには、1997年以降、信金中央金庫および全国信用協同組合連合会によ

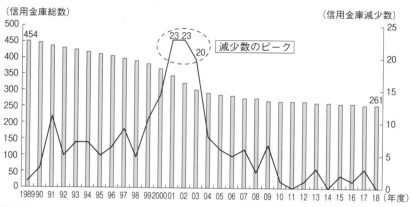

図表 2 - 2 　信用金庫数の推移

（出典）　預金保険機構「預金保険対象金融機関数の推移」をもとに作成。

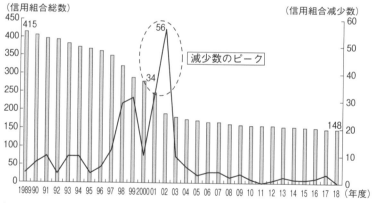

図表 2 - 3 　信用組合数の推移

（出典）　預金保険機構「預金保険対象金融機関数の推移」をもとに作成。

り劣後ローンの供与が開始されたことや、従来中央機関にしか認められな
かった優先出資を個々の信用金庫・信用組合に対しても認める「協同組織金
融機関の優先出資に関する法律（優先出資法）」の改正が2000年に行われたこ
とにより、合併・再編等により自己資本比率が低下する信用金庫・信用組合

の資本増強の大きな支えとなった。

　こういった外部環境のなか、1989年と2018年での状況を比較すると、信用金庫は454金庫から261金庫まで、信用組合は同年の比較で415組合から148組合まで再編が進んだ（図表2-2、2-3）。バブル崩壊以降の急激な再編スピードではないものの、その動きはいまだ止まっていない。また、再編自体は近隣との統合が主であり、この傾向は変わらないと思われる。

③　地域別の再編状況

(1)　北海道・東北・北陸

　北海道・東北・北陸地域は主要経済圏が点在しており、経済圏間の関連・競合は緩やかであるように見受けられる。全産業付加価値3兆円を超える札幌経済圏（北海道）、仙台経済圏（宮城）が、ほかの3倍以上の経済規模があり、地域における中核的な存在であり、その他は比較的小規模な経済圏が集合する地域であるといえる。同地域の平成の銀行再編状況を振り返ると、北海道内では、第二地方銀行ではあるが、地方銀行の北海道銀行をも上回る規模を有する札幌北洋ホールディングス（2008年10月）や、富山県の北陸銀行と日本初の遠隔地統合を果たしたほくほくフィナンシャルグループ（2004年9月）が誕生した。東北では、隣接県統合が行われ、フィデアホールディングス（2009年10月）、じもとホールディングス（2012年10月）等が誕生したが、地方銀行は10行、第二銀行は5行存在する状況に対してオーバーバンキング状態が懸念され、今後の再編動向が注目されている。信用金庫・信用組合の再編状況については、直近15年で20を優に超える信用金庫・信用組合が再編されており、他地域と比較し再編が活発な状況である（図表2-4）。

(2)　関　　東

　関東地域は、神奈川県と埼玉県のほとんどを取り込む広範な東京都特別区

図表2－4　地域別の再編状況（北海道・東北・北陸）

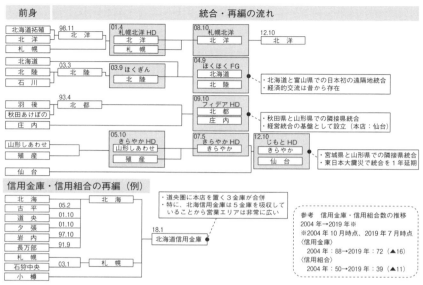

（出典）　各種報道をもとに作成。

　経済圏が圧倒的な規模を有しており、存在感が際立つ。近隣では東京都と隣接しない県に一定規模の経済圏が形成されている。次点の前橋経済圏、宇都宮経済圏は全国的にみても規模が大きい地域とはいえず、巨大経済圏の周辺にあることを強みとする経済圏と考えられる。東京都を基盤とする3行が合併を果たした東京きらぼしフィナンシャルグループ（2018年5月）や、地方銀行の雄である横浜銀行と東日本銀行との統合でできあがったコンコルディアフィナンシャルグループ（2016年4月）等、東京都特別区経済圏内を意識し、戦略的な統合・提携が行われている。信用金庫・信用組合の再編については、金庫数・組合数の増減は少ない。多摩地域を経営基盤とした3金庫が合併した多摩信用金庫（2006年1月合併）等が誕生している（図表2－5）。

図表２－５　地域別の再編状況（関東）

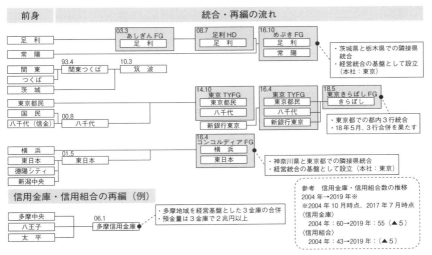

信用金庫・信用組合の再編（例）

（出典）　各種報道をもとに作成。

(3)　中部・近畿

　中部地域では、愛知県、岐阜県、三重県をまたぐ名古屋経済圏の規模が目立つ。信金含め、数多くの金融機関が存在する東海４県では十六銀行と岐阜銀行の合併（2012年９月）や、三十三フィナンシャルグループ（2018年４月）の発足等、同一県内統合が進んでいる。また、同時期に第四北越フィナンシャルグループ（2018年10月）の統合が行われる等、非常に活発な動きをみせている（図表２－６）。

　近畿地域は、滋賀県を除く地域全府県にまたがる大阪経済圏を中核として、京都経済圏、神戸経済圏が周辺で経済圏を形成している。地域の規模は大阪経済圏が全国有数の規模を有し、次点の神戸経済圏、京都経済圏も全国上位の規模を有する。経済圏が細分化されておらず、一つひとつの存在感があるものと推測される。近畿地域では第二地銀を中心に再編が進み、多くはりそなホールディングス（2003年３月）に統合・合併された（図表２－７）。

図表2－6　地域別の再編状況（中部・近畿①）

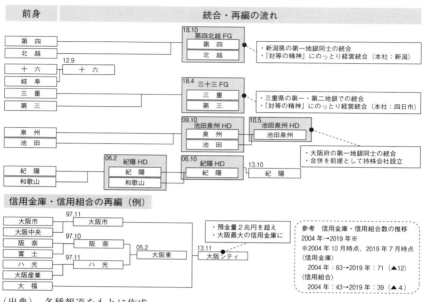

（出典）　各種報道をもとに作成。

図表2－7　地域別の再編状況（中部・近畿②（りそな））

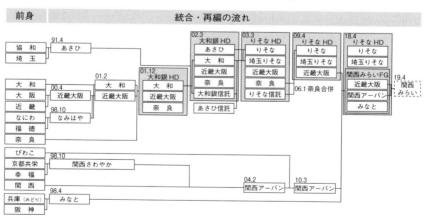

（出典）　各種報道をもとに作成。

りそなホールディングスの直近の動きとしては、大阪府に強みをもつ子銀行の近畿大阪銀行だけでなく関西アーバン銀行や兵庫県を基盤とするみなと銀行を加え、近畿地域に盤石の体制を敷き、地域金融機関再編モデルの１つといわれている。

⑷　中国・四国

　中国・四国地域は14の主要経済圏が瀬戸内海側中心に分布しており、広島経済圏と岡山経済圏が中心的な存在に見受けられる。そのほかは、比較的小規模の経済圏が点在している。山口フィナンシャルグループは北九州地区に進出し、トモニホールディングスは大阪府に進出する等、他の魅力的な経済圏のある地域へまたがり、再編が行われている（図表２－８）。

図表２－８　地域別の再編状況　（中国・四国）

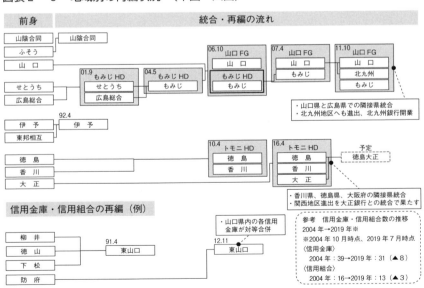

（出典）　各種報道をもとに作成。

(5) 九州・沖縄

　九州は、福岡経済圏が中心的な存在である。大分県、熊本県、宮崎県、鹿児島県は、１県１経済圏となっており、福岡県から離れるほど、経済の独立性が高い。地域の規模は全国レベルで上位の福岡経済圏が最も大きい。

　地域の成長性は沖縄県の複数の経済圏のほか、福岡、鳥栖なども含め、比較的成長の見込める地域である。そうした成長性を見込んでか、ふくおかフィナンシャルグループ（2007年４月）では九州地域内ではあるが広域統合、九州フィナンシャルグループ（2015年10月）は隣接県統合を果たしている。信用金庫・信用組合の再編では、大分県信用組合が杵築信用金庫を吸収合併する等、型にはまらない再編が行われている（図表２－９）。

図表２－９　地域別の再編状況（九州・沖縄）

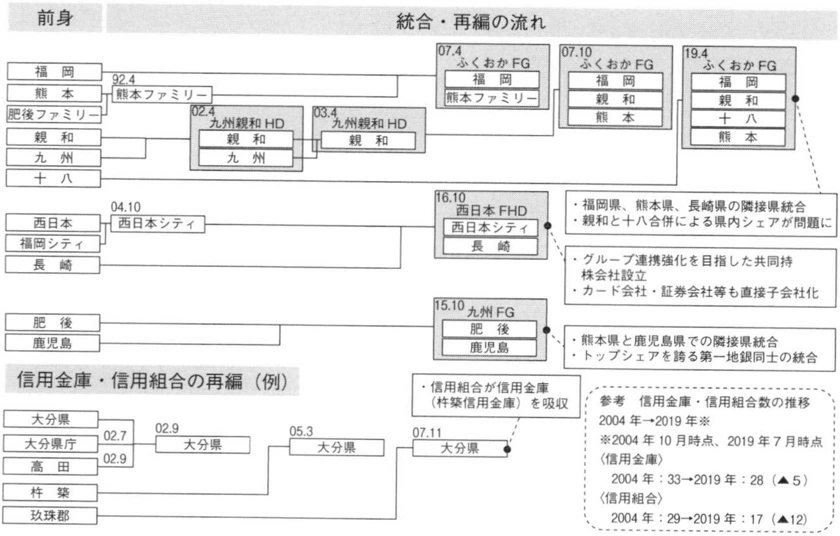

（出典）　各種報道をもとに作成。

24

地域金融機関の経営統合における主な特徴や留意点

地域金融機関の経営統合・合併では、地域に根差した金融機関としての特質から、自らの存続基盤となる地域社会における顧客・取引先、自らの役職員、当該地域の株主（組合員）と密接に関係しており、自らの統合がどのような影響を与えるのかを常に意識した取組みが必須となる。加えて、上場地方銀行については、通常の上場会社と同様に市場への配慮が必須となる。さらに、地域金融機関の経営統合・合併が許認可を要する取組みであることから、金融当局（金融庁・日銀等）との関係にも目を向けざるをえない。したがって、仮に自らの生き残りをかけた重要な経営戦略上の意思決定だとしても、その経営統合・合併が地域経済に対してどのような影響を与えるのかを強く意識する必要がある。

　一方で、一般的に経営統合の際に検討されるシナジーとして、営業の観点、システムの観点、人員の観点、拠点の観点等があるが、なかでも装置産業である金融機関の特徴として、システム統合に関する検討は特徴的といえる。金融機関のシステムは、求められる「安全性」が一般事業会社と比較してきわめて高いため、統合コストの高さや難易度、費用構造に占める割合等突出した重要性をもつ。戦略上の観点から経営統合を決めかけたにもかかわらず、そのためのシステム統合コストが見合わず断念する話を聞くほどである。

　特に、大半の金融機関が同じ基幹システムで共同運用をしている信用金庫や信用組合と異なり、地方銀行の場合は、現状、8割以上が勘定系システムを共同化している昨今においても統合相手が同一の勘定系システムを利用していることはまれであり、使用しているシステムや当該契約条件（契約期間・違約金等）等によって相当な影響が出る。したがって、合併を実質的に決めるとき（基本合意締結等）には、その契約条件に勘定系システムの統合方針を明確な項目として定義することも多い。

経営統合・合併のパターンと特徴

地域金融機関の経営統合・合併は、さまざまな整理で語られることがあるが、本書では一般事業会社と同様の組織・ガバナンスの観点からくる組織形態による分類（以下「組織分類」）と、所属地域による分類（以下「地域分類」）の2軸で考えてみる。なお、昨今、金融機関の生き残り戦略の一環で取り沙汰される事業提携や事業譲渡に関する論点は他書に譲る。組織分類の観点では、「①持株会社下での経営統合」「②持株会社下での銀行合併」「③直接的な銀行合併」の3パターン、地域分類の観点では「①同一都道府県内統合」「②同一地域統合」「③広域統合」の3パターンで整理することができる。

〈組織分類の観点〉

① 持株会社下での経営統合……銀行合併を伴わず、金融機関グループが持株会社のもとで統合するパターンを指す。コンコルディアフィナンシャルグループ、九州フィナンシャルグループ、ほくほくフィナンシャルグループなどが該当する。

② 持株会社下での銀行合併……まず持株会社下で経営統合を実現し、その後銀行合併まで踏み込むパターンを指す。池田泉州ホールディングス下の池田泉州銀行、関西みらいフィナンシャルグループの関西みらい銀行などが該当し、昨今は第四北越フィナンシャルグループ、三十三フィナンシャルグループ、ふくおかフィナンシャルグループなど、統合効果の最大化をねらい、非常に増えているパターンといえる。

③ 直接的な銀行合併……直接の銀行合併もしくは一度持株会社を設立した後、銀行合併以降に持株会社も吸収するパターンを指す。岐阜銀行を吸収合併した十六銀行や、和歌山銀行を吸収する際に紀陽ホールディングス下で経営統合を先行し、合併後に持株会社を吸収合併した紀陽銀行が該当する。

〈地域分類の観点〉

①　同一都道府県内統合……同じ都道府県内で合併・統合するパターンを指す。営業地域制約がある、信用金庫や信用組合はほぼこのパターンに該当し、地方銀行でも東京都の東京きらぼしフィナンシャルグループ、新潟県の第四北越フィナンシャルグループ、三重県の三十三フィナンシャルグループなど昨今の経営環境などを背景に増えてきている。

②　同一地域統合……近隣の都道府県等、地続きの同一地域のなかで合併・統合するパターンを指す。地方銀行による持株会社下での経営統合ではこのパターンが最も多く、山形県と秋田県をまたぐフィデアホールディングス、山口県から広島県、福岡県までの広がりをもつ山口フィナンシャルグループ、鹿児島県と熊本県をまたぐ九州フィナンシャルグループなどが該当する。これらの経営統合では、持株会社の本社所在地をどこにするのか等も必ず注目されることになる。

③　広域統合……地続きの同一地域でなくとも、合併・統合するパターンを指す。このパターンは限定的であり、ほくほくフィナンシャルグループ、りそなホールディングス、ふくおかフィナンシャルグループ程度しか該当がない。

　組織分類による特徴を簡単に整理すると、「①持株会社下での経営統合」は、経営と執行の分離が比較的容易（ただし、子銀行の独立性や子銀行同士の関係性により、企画機能等の集約に差が出やすい）で、多様な人事・業績制度カルチャーが共存できることが特徴といえる（図表３−１）。そのため、2010年代半ばまでは、地方銀行統合では最もポピュラーな経営統合形態であった。「②持株会社下での銀行合併」は、持株会社下の経営統合が合併に比べ相対的に容易でかつ早期に行えるため、資本統合を早期に実現させ、システムを除くグループシナジーを早期に追求しやすく、かつ、合併とそれに伴う業務統合やシステム統合までを行うことでコストシナジーをとことん追求することが理屈上可能になる。一方で、統合プロセスという意味では持株会社設立と銀行合併の両ステップが必要になり、統合のための時間やコストが最

図表3－1　組織分類による特徴の整理

組織形態による分類		類型	統合までのスピード	シナジー効果の実現性	設立にかかるコスト
組織形態による分類	1	持株会社のみ	・設立までの時間が速い（◎）	・グループ求心力が得にくい（△）	・合併と比べると低コスト（◎）
	2	合併のみ	・持株会社設立に比べ統合の作業が複雑（△）	・効果の早期実現を目指せる（◎）	・持株会社化に比べシステムを含めて合併費用・工数が甚大（△）
	3	持株会社化かつ合併	・持株会社設立と合併の両方の対応が必要（△）	・目的にあわせて柔軟に対応可（○）	・持株会社化と合併・システム統合費用が必要（△）

※表上部の見出し「主な特徴」

もかかるという点も忘れてはならない。「③直接的な銀行合併」は、1つの組織にするためガバナンスや人事の統一が制度上、明確に図りうる一方、統合前の行風を内部的・暗黙的に引きずることがあり、融和実現までの工数は相当程度かかることが特徴といえる。これは救済目的の吸収合併等でよく採用される。

　また、組織形態の観点では、関連会社の扱いにも特徴がある。多少乱暴に単純化すると、グループを形成したうえで持株会社に「直接」帰属させるか、子銀行に帰属させるかによって、経営戦略での扱いやグループガバナンスの扱いが異なり、統合戦略上、重要な論点となる（図表3－2）。

　なお、外部環境の変化や再編の活発化の状況等をふまえ、金融審議会での検討を経て、2016年に銀行法が改正され、金融グループ内の共通・重複業務の集約等がより容易になったことも、今後の戦略検討の幅を広げる意味で留意すべき点といえる（図表3－3）。

　地域分類による特徴を簡単に整理すると、「①同一都道府県内統合」は、

営業地域の重複があり、合併まで踏み込むことが前提だがコスト削減効果を
ねらいにいくうえでは最も効果が出しやすい点に特徴がある。「②同一地域
統合」や「③広域統合」は、統合地域の重複がないため、コスト削減効果
は、資本統合を伴わない業務提携やシステム共同化利用と同程度にとどま
る。一方で、同一グループとしての営業地域の拡大効果をうまく出すことで
より多くのシナジーをねらうことができるが、昨今までの統合後効果を確認
する限り、難易度は相当に高いといわざるをえない。2010年代後半に入って
からの地方銀行の統合を俯瞰すると、東京きらぼしフィナンシャルグルー
プ、関西みらいフィナンシャルグループ、三十三フィナンシャルグループ、
第四北越フィナンシャルグループ、ふくおかフィナンシャルグループなど、

図表3－2　金融グループにおける関連会社の帰属先の整理

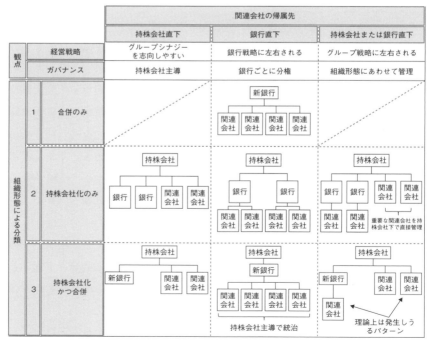

30

図表 3 - 3　持株会社が行うことができるグループに帰属する会社の業務

1　資産の運用	7　事務物品の購入・管理
2　事業の譲渡や譲受、合併・会社分割・株式交換・株式移転・株式等譲渡や取得に関する交渉	8　事務に係る文書・証票・その他の書類の印刷
3　信用供与を行おうとする場合における当該信用供与の判断の前提となる審査	9　機械類その他の物件を使用させる業務
	10　広告・宣伝
4　システムの設計・運用・保守、プログラム設計・作成・販売（附属機器を含む）・保守	11　業務に関し必要となる調査や情報の提供
	12　業務に係る商品の開発
5　事業用不動産の賃貸、所有する不動産や付随する設備の保守・点検・管理	13　事務に係る計算
	14　文書・証票・その他の書類の作成・整理・保管・発送・配送
	15　顧客との間の事務の取次
6　役員や職員の福利厚生に関する事務	16　役員や職員に対する教育・研修
	17　前各号に附帯する業務

（出典）　銀行法施行規則第34条の14の３より抜粋。

図表 3 - 4　地方銀行の統合パターン分布

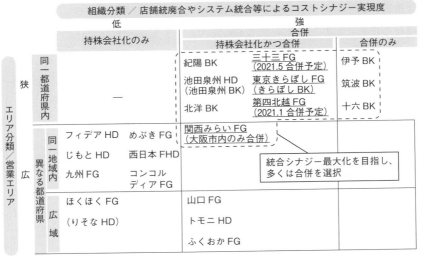

（注）　BKは銀行、FGはフィナンシャルグループ、HDはホールディングス、FHDはフィナンシャルホールディングスの略。

第３章　地域金融機関の経営統合における主な特徴や留意点　31

同一圏内統合のすべてが銀行合併を選択しており、その背景には統合の目的の１つであるコストシナジー最大化を目指したことが想像にかたくない（図表３－４）。

 ## システム統合方針検討における留意点

(1) 銀行システム統合の特徴

　金融機関は装置産業であり、業務面やコスト面からは当然のこと、企業文化の観点からも銀行システムの重要性は強く語られることが多い。そのような背景もあり、一部の論調では、システムを共同運営しているグループの観点から経営統合を考えるような意見もあるが、本来、経営統合や合併とは経営戦略に基づく重要な意思決定であり、システムを「主軸」に検討されるべきものではない、と筆者は考える。

　しかしながら、経営統合に伴う銀行システム統合は、経営統合の目的や統合後に目指す姿や統合シナジーの実現に直結し、事務統合、商品・サービス統合と相互に影響しあうのはもちろんのこと、お客様や外部接続先への影響も甚大で、検討事項も膨大となるため、経営統合、なかでも合併においては大変重要な検討領域である。地域金融機関のうち、信用金庫、信用組合は、勘定系システムの共同運営（以下「システム共同化」）が業界単位でほぼ確立しているが、地方銀行においては、システム共同化が2000年以降進展してきたとはいえ、共同化ベンダーは主にIBM、NTTデータ、日立製作所等がそれぞれの陣容を構成しており、統合相手が同一勘定系システムを利用していることはまれである。これは地方銀行のシステム共同化が進展してきたなかで、同じ共同化陣営に同一地域の銀行を入れないという不文律があったことも大きく関係している。

　したがって、経営統合をしたからといって、統合に大きな手間と時間とコストがかかる基幹系システム統合や共通化は必ずしも実施せず、影響が限定

図表3－5　銀行システム統合の影響範囲

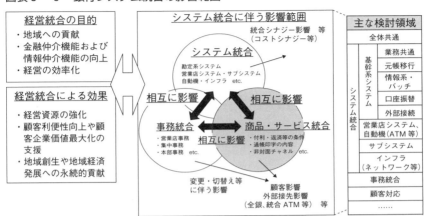

的なサブシステムや、集中業務の共同化運営を考えるということになる。しかしながら合併までを選択した場合、本来目指すべきシナジーの獲得のためには、基幹系システムを統合することは避けられない（図表3－5）。

(2)　銀行システム統合の主な検討論点

　銀行システム統合は、その重要性の高さから経営統合プロセスの各タイミングにあわせた検討を適時的確に実施する必要があり、重要な意思決定を先送り、システム並存を継続させることで事後的に経営統合後の経営戦略を見直さざるをえない状況を発生させる可能性もある。このような重要な検討の基本的な考え方について地方銀行を例にとり主な論点を列挙する。

① 　基幹系システム選定……銀行システムのなかでも、その根幹を支える基幹系システムについての選定は統合協議において統合戦略、事業計画などに直結する事項の1つであり、統合における基本合意までに協議が完了することが望ましい。また、統合前に算出した統合費用はシステムの統合コストを主な原因として上振れする傾向があり、選定時点でシステム関連の費用規模感全体を確認することが肝要となる。

② システム統合スケジュール（統合時期・統合方式）……銀行システム統合を「いつまでに」「どのように」行うのかという検討は「①基幹系システム選定」と同時期に行い、主に基幹系システムの統合スケジュールの実現性などを中心に行う。統合時期・統合方式によって統合コストに大きく差異が発生するため「①基幹系システム選定」とともに慎重な検討が必要である。合併時期とシステム統合時期をずらす場合、基幹系システムの並存期間中の仕組みとして、基幹系システム間をつなぐシステム（為替リレーシステム等）の開発要否も検討する。

③ 銀行コードの選定……合併後の銀行コードは、銀行システムや銀行間決済において中核コードの1つで「①基幹系システム選定」「②システム統合スケジュール」と同時期に結論を出すことが望ましい。片寄せする基幹系システムを利用している銀行と異なる銀行コードを選択した場合、実質的に移行が二重に発生することに留意が必要である。

④ 重複店名・店番の変更方針……銀行合併をする場合、営業店名や営業店番が重複することがあるため、合併までに重複解消をする必要がある。一般的にはシステム移行のリスクやお客様の混乱リスクを低減させるため、合併前の半年から1年前をメドに重複解消を検討するが、営業店名や営業店番の変更はその後の店舗統廃合とも密接にかかわるため、営業戦略と整合した検討を進める必要がある。

⑤ サブシステム統合方針……「①基幹系システム選定」の結果をふまえ、それ以外の周辺システム（以下「サブシステム」）の統合方法の検討を行うことになる。これらは基幹系システムに直結したシステムや独立したシステムなどさまざまなものがあり、統合プロセスのなかで確実に協議し、方法を決定していく必要があるが、数が多いため、最初の段階で「どのような考え方で統合を行うのか」という方針レベルのことを決めておくことが肝要となる。

⑥ 商品・サービスの統合方針……基本的には、「①基幹系システム選定」の結果に依存するものの、特に片寄せするシステムを使っていない側の銀

行の商品・サービスをどのように移行するのかの検討を行う。こちらも
「⑤サブシステム統合方針」と同様、数が多く、最初の段階で「どのよう
な考え方で統合を行うのか」という方針レベルのことを決めておくことが
肝要となる。

　以上のような検討項目を優先的に議論したうえで、これらの検討結果と平
仄をとる方法で、チャネル統合方針、端末・ATM統合方針、外部接続対応
方針、通帳・証書の取扱方針、キャッシュカード取扱方針、口座振替えの振
分方針、ネットワーク統合方針、システムセンター統合方針などの各種方針
も順次検討していくことになる。なかでも筆者が特に重要と考えるのは「①
基幹系システム選定」と「②システム統合スケジュール（統合時期・統合方
式）」の2つであるため、以降、この2項目について詳細に述べる。

(3)　基幹系システム選定の留意点

　基幹系システム統合は大別して「既存システムへ片寄せ」と「第三のシス
テムに移行」の2つの方法が考えられるため、システム統合方針検討におい
ては、特に「基幹系システム選定をいかに行うのか」が重要なポイントにな
る。銀行を支える重要な経営資源の選定であり、重要な経営意思決定と位置
づけられるがゆえに、図表3-6に示したように、単にシステム機能やコス
ト、移行の実現性など、システムの観点だけではなく、経営の観点や業務の
観点など多角的な視点で検討・評価を行い、選定することが必須といえる。

　このような検討・評価において、筆者が考える主な留意点は、次のとおり
である。

①　経営からの目線で評価の優先順位を合意する……合併を想定した場合の
　お互いの基幹系システムは、それぞれが銀行の歴史のなかで利用し、発展
　させてきたものであるがゆえに必ずギャップがあり、お互いの希望を完全
　に満足させるシステムは存在しない。一方で、当然ながら経営資源には限
　りがあるため、「経営」として、今後の経営環境等を想定した経営戦略に
　基づき、どのような観点を優先するべきか、ということを合意したうえで

図表 3 − 6　基幹系システム選定の評価観点例

評価の観点		評価観点ごとの評価概要
経営戦略領域	戦略適合要件	経営へのインパクトが大きいシステム統合スケジュールを中心に、将来的な商品・サービスの拡張性や事務作業の効率性、制度変更への対応スピード等、今後の経営の意思決定に対するシステムでの対応の柔軟性を評価
	共同化スキームの将来性	共同化スキームの特徴や優位性、他行吸収力、将来構想等、共同化スキームの現在の立ち位置や今後の取組みをふまえたうえでの将来性を評価
業務領域	業務要件・事務要件	取扱商品・サービスや顧客が認知する番号体系（口座番号等）等の業務機能性と操作マニュアルの充実度やオペレーションミス防止策等の業務運用に対する現行基幹系システムの提供機能維持レベルを評価
システム領域	システム要件	サービス提供時間等のシステムが提供するサービスレベルやシステム監査対応、セキュリティ対策、障害時の可用性、システム統合後の処理性能や拡張性、チャネルや対外システムとの接続可否等、基幹系システムの非機能性を評価
	システムコスト	開発・移行にかかる初期費、センター利用・アウトソーシングにかかる維持費、また中途解約に伴い支払う違約金や既存の基幹系システムの残償却費といったシステム移行に伴い発生するトータルコストについて、本期間で可能な範囲で収集し、評価
	ベンダー力量	ベンダーの事業継続性、銀行業務に対するベンダー要員の理解力、銀行システムに対する技術力・ノウハウ等の対応力など、運営ベンダーの総合的な組織力を評価
	システム移行の実現性・リスク	システム移行方法やそのベンダー実績、それに伴い発生する顧客や銀行への対応負担など、システム移行を実施するうえでのアプローチの実現性（およびそれに伴うリスク）を評価

決定することが必要といえる。

② コストは総合的観点で評価を行う……お互いがそれぞれ利用している基幹系システムは提供機能・サービスの範囲が異なるため、現行のシステムや事務変更、センター設備改修等の影響範囲も異なる。そのため、統合初期費用、ランニング費用、移行費用（業務、システム）については、基幹系システムに支払う費用だけではなく、周辺システム統合に伴う改修費や、関連する人件費・物件費、残存償却費や違約金等、可能な限り考えられる項目を列挙し、取得可能なものは概算コストを算出したうえで総合費用を算出してコスト比較・評価を行うことが肝要となる。

③ 選定の結果想定されるリスクについては、極力具体的に検討する……どのようなかたちであっても、システム統合を行うということは、システム移行リスクや顧客対応リスク等が発生する。それらに加え、選定候補となる基幹系システムが共同化スキームで運用されている場合などは、状況によって「自由度が低下する」「行内ITスキルが維持できない」といったリスクも語られる。したがって、想定されるリスク観点は、極力具体的にどのような自由度、どういったスキルがなくなり、その結果、経営にどのような影響がありうるのかまで整理して議論する等、感情論で議論しないことが肝要となる。

④ 現行スキームに対する評価をお互いに実施し認識あわせを行う……地方銀行の基幹系システムは大半がなんらかの共同化スキームを利用していることが多いが、異なるスキームの理解は大概不十分であるため、お互いの認識をそろえるため、それぞれの共同化スキームから得られるメリット、コストパフォーマンス等につき、お互いにしっかりとした情報交換を最初に行い、そのうえで客観的な考察・評価を行ったうえで、今後の方針を検討・議論することが有効となる。

⑤ 共同運用スキームの評価にあたっては、システム面以外の観点にも着目する……昨今の共同化スキームでは、システム以外の領域においても差別化を図っていく傾向があり、共同化スキームにより得られる経営上のメ

リットをシステム面だけでなく、営業面や業務面など多角的な観点に基づいた検討・評価を行うことが有効となる。

⑷　システム統合スケジュール検討の留意点

　システム統合スケジュールの検討にあたり、まず留意する必要があるのは、持株会社設立の場合、資本関係の統合のみであるがゆえにシステム対応は大きな論点にならないことに比して、銀行合併の場合、その合併時期の検討の大前提が、システム対応スケジュールに大きく影響を受けるという点である。すなわち、経営戦略上の重要な決め事になる合併タイミングについては経営戦略側の都合だけでは決められず、システム対応と平仄をとった検討が必須になることを意味する。したがって、企画部門もシステム部門も、このシステム統合スケジュールの考え方に関する共通の理解をもち、そのうえで計画立案やプロジェクト推進を行うことが必要だということである。この考え方を前提にシステム統合スケジュールの検討方法を合併時期とシステム統合時期の関係から整理する。なお、わかりやすさを重視するため、持株会社下のグループ内における銀行システム共通化のパターンは考慮外とすることをご了承いただきたい。

　システム統合スケジュールの検討は、大別して「①合併と同時にシステム統合を行うパターン」と「②合併後にシステム統合を行うパターン」の2つに区分できる（図表3－7）。

①　合併と同時にシステム統合を行うパターン……このパターンは、理屈上、合併と同時にシステム対応を実施するため、後述する②のパターンに比べ、実質的な合併（システム統合まで終えて名実ともに合併完了状態になること）までの総期間と移行コストが最小化できるという効果がある。一方で、合併を経ずにシステム統合を具体的に進めないといけないため、組織が複数存在する（部の責任者が必ず複数の状態が続く）なかで協議し、各種要件を決めることの困難さや、合併と同時に切替えをするがゆえに直前のシステムフォールバックができないなど、プロジェクトリスクが相当に高

いものとなる。

② 合併後にシステム統合を行うパターン……このパターンは、まず合併を
システム統合より先行して実施することから組織統合や法的対応、対外的
な合併対応に決着をつけ、難易度の高いシステム統合を1つの組織として
実施することで、①のパターンに比べ統合期間や移行コストは高くなるが
安全にシステム統合を行うことができるという効果がある。

　また、多少蛇足になるが、システム統合を行わず合併を先行させている
期間は複数存在する銀行システム同士を為替リレーシステム等でつなぎ、
対外的には1つの銀行としての処理を実現させる対応を図る「リレーシス
テム接続方式」と、複数銀行システムを直接接続させず、事務対応（手対
応）で対応を図る「記帳センター等事務対応方式」の2つの考え方がある

図表3-7　システム統合パターンの違いによる整理

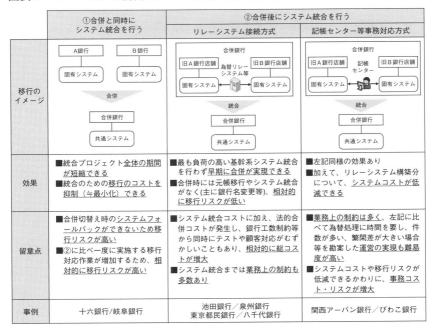

	①合併と同時に システム統合を行う	②合併後にシステム統合を行う	
		リレーシステム接続方式	記帳センター等事務対応方式
移行の イメージ	A銀行　B銀行 固有システム　固有システム ↓合併 合併銀行 共通システム	合併銀行 旧A銀行店舗　為替リレー　旧B銀行店舗 システム等 固有システム⇔固有システム ↓統合 合併銀行 共通システム	合併銀行 旧A銀行店舗　記帳　旧B銀行店舗 センター 固有システム⇔固有システム ↓統合 合併銀行 共通システム
効果	■統合プロジェクト<u>全体の期間</u><u>が短縮</u>できる ■統合のための<u>移行のコスト</u>を<u>抑制（≒最小化）</u>できる	■最も負荷の高い基幹系システム統合を行わず<u>早期に合併が実現</u>できる ■合併時には元帳移行やシステム統合がなく（主に銀行名変更等）、相対的に移行リスクが低い	■左記同様の効果あり ■加えて、リレーシステム構築分について、<u>システムコストが低減</u>できる
留意点	■合併切替え時の<u>システムフォ</u><u>ールバックができないため移</u><u>行リスクが高い</u> ■②に比べ一度に実施する移行対応作業が増加するため、相対的に移行リスクが高い	■システム統合コストに加え、法的合併コストが発生し、銀行工数制約等から同時にテストや顧客対応がむずかしいこともあり、相対的に<u>総コス</u><u>ト</u>が増大 ■システム統合までは<u>業務上の制約</u>が多数あり	■<u>業務上の制約</u>は多く、左記に比べて為替処理に時間を要し、件数が多い、繁閑差が大きい場合等を勘案した<u>運営の実現も難易</u><u>度が高い</u> ■システムコストや移行リスクが低減できるかわりに、<u>事務コス</u><u>ト・リスクが増大</u>
事例	十六銀行／岐阜銀行	池田銀行／泉州銀行 東京都民銀行／八千代銀行	関西アーバン銀行／びわこ銀行

が、これは合併対応行同士の処理件数等によって判断していくことになろう。筆者の知る限り、銀行合併における②のパターンでは、「リレーシステム接続方式」が一般的といえる。

すなわち、システム統合スケジュールの検討において「コスト」「期間」「リスク」は背反する関係にあるといえる。システム面から考える場合のシステム統合スケジュールは、必要な期間を一定の要件前提を置きながら討議するが、最終的な決定までにおいて経営として重視すべき軸（コスト、期間、リスク）を明確にしたうえで、最も適切と合意できるバランス（妥結点）を見出すことが必要となる。したがって、「コスト」「期間」「リスク」のバランスの考え方に基づき、リレー方式の採用有無、各基本工程の実施期間の検討等を具体的な項目まで落とし込み、システム面での統合日制約をふまえ、システム統合時期を決定していく。このような前提を企画部門とシステム部門がお互いに理解してこそ、適切なスケジュール設定が実現するといえる。

なお、参考までにシステム統合スケジュールの期間イメージを、他行事例

図表３−８　事例にみるシステム統合に要する期間

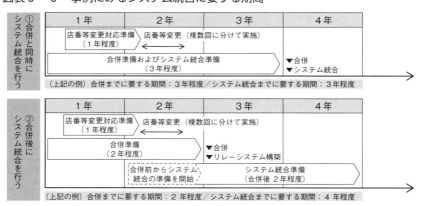

（注）　期間はあくまでもイメージ（合併方針、当時行間の各種差異の程度、リソース等により、期間は異なる）。また、期間イメージには事前検討期間を含む。

をもとに整理すると、①のパターンが約3年、②のパターンが約4年を見込み、このような期間を叩き台として各行の個別事情に鑑みてスケジュール検討を進めていくとよい（図表3-8、3-9）。

　最後に、地方銀行における合併事例を概観すると、救済の意味合いが強い合併を除くと、これまではシステム統合リスク回避の観点から、合併後にシステム統合を実施する②のパターンが多数であった。しかしながら、昨今の厳しい外部環境変化等も影響し、リスク以上に早期のシナジー効果享受の観点等から、合併と同時にシステム統合を行う①のパターンが増加しており、今後もその傾向は続くと予想される。

図表 3 － 9　事例にみる合併とシステムの関係

	銀行名	旧銀行名	法的合併時期
①合併と同時にシステム統合を行う（ほぼ同時期を含む）	三十三銀行（予定）	三重銀行、第三銀行	2021年5月（予定）
	第四北越銀行（予定）	第四銀行、北越銀行	2021年1月（予定）
	徳島大正銀行（予定）	徳島銀行、大正銀行	2020年1月（予定）
	関西みらい銀行	近畿大阪銀行、関西アーバン銀行	2019年4月1日
	十六銀行	十六銀行、岐阜銀行	2012年9月18日
	筑波銀行	関東つくば銀行、茨城銀行	2010年3月1日
	北洋銀行	北洋銀行、札幌銀行	2008年10月14日
	きらやか銀行	山形しあわせ銀行、殖産銀行	2007年5月7日
	紀陽銀行	紀陽銀行、和歌山銀行	2006年10月10日
	西日本シティ銀行	西日本銀行、福岡シティ銀行	2004年10月1日
②合併後にシステム統合を行う	きらぼし銀行	東京都民銀行、八千代銀行、新銀行東京	2018年5月1日
	池田泉州銀行	池田銀行、泉州銀行	2010年5月1日
	関西アーバン銀行	関西アーバン銀行、びわこ銀行	2010年3月1日

（出典）　各行ディスクロージャー情報や各種報道等をもとに作成。

システム統合 時期	リレーシステム 接続有無	合併からシステム統合 までの期間
2021年5月 （予定）	無	合併と同時
2021年1月 （予定）	無	合併と同時
2020年1月 （予定）	無	合併と同時
2019年10月15日	未詳	合併とほぼ同時期 （合併後6.5カ月）
2012年9月18日	無	合併と同時
2010年5月4日	無	合併とほぼ同時期 （合併後2カ月）
2008年10月14日	無	合併と同時
2007年5月7日	無	合併と同時
2006年10月10日	無	合併と同時
2005年1月4日	有	合併とほぼ同時期 （合併後3カ月）
2020年5月 （予定）	有	合併後24カ月
2012年1月4日	有	合併後20カ月
2011年1月4日	無	合併後10カ月

　金融庁が2019年6月21日に公表した「金融機関のITガバナンスに関する対話のための論点・プラクティスの整理」の別紙に当たる「システム統合リスク管理態勢に関する考え方・着眼点（詳細編）」において、システム統合・更改の範囲および内容を「経営統合によるシステム統合、共同センターシステムへの移行、基幹システムの構築・更改等」と記載しているとおり、既存基幹システムを別の基幹システムに移行すること（以下「システム移行」）と合併に伴い基幹システム同士を統合すること（以下「システム統合」）は、金融機関の存続基盤にかかわり、かつ、対応内容もシステム対応、事務対応、顧客対応とほぼ同様のプロジェクトタスクを遂行しなくてはならない、という点で類似の扱われ方をすることが多い。しかしながら、負荷や手間、リスクという観点において、この移行と統合は大きく異なるものである、と筆者は考える。

　システム移行とシステム統合が共通的に必要なタスクを列挙すると、基幹系システムの選定、スケジュール策定、元帳移行対応、サブシステム、商品・サービス、チャネル等システム対応、新たな事務規程類整備、研修対応、顧客対応、リハーサル、移行対応等がある。その他、プロジェクトとして推進するための計画策定やプロジェクト管理も両者ともしっかりとした対応が必要となる。一方で、合併によって店番・店名重複が発生する場合の変更対応や基幹システム以外のサブシステムやATM、インターネットサービス等の選択と選択後のシステム対応は、システム統合ならではのタスクといえよう。

　すなわち、システム移行と比べ、システム統合のほうが負荷が高く、結果としてリスクも高いと断言できる。システム統合の場合、いままでの銀行経験や文化、意見の異なるもの同士が1つの結論を出すということを前提として、基幹システムの選定、サブシステムの選定、ATMやインターネットサービスの選定などを実施する必要があることが大きい。当たり前のことだが、場合によって経営上の判断まで要するような事柄を「決める」ということは容易ではない。選定のための情報収集、判断するための判断軸の優先順位づけやそれらに沿った資料作成や議論するための整理や意見調整等、それだけ考えても大変なタスクであることが想像できよう。また、物事を決定した後の実行の段階においても、文化や考え方が異なる者同士のプロジェクト管理の困難さ、お互いのシステムを知っているメンバーが存在しえないがゆえに、言葉の使い方からすり合わせを始め、お互いを尊重しつつ、統合に必要な要件を整理し、開発、テストを行い、お互いの業務所管部を巻き込んで対応を

図っていく、ということが必須条件になるのである。少し想像力を働かせてみれば、これがどれだけ大変かはよくわかると思う。みずほフィナンシャルグループの例をあげるまでもなく、やはり、システム統合は慎重のうえにも慎重を期した対応とともに、その負荷やリスクを油断することなく、見極めることが必要なのである。

 ## 3 事務統合方針検討における留意点

(1) 銀行事務統合の特徴

　銀行合併に伴う事務統合は、基幹系システムにおける事務仕様（≒事務制約）を前提にした検討をせざるをえないという点が最大の特徴になる。したがって、事務統合は、システム統合の検討のうち、基幹系システム選定の結論が出てからでないと本格的な議論が始められない関係にある。

　一方で、銀行事務というものは、銀行の歴史のなかで連綿と受け継がれてきた要素もはらんでおり、銀行文化そのものである、といわれることもある。したがって、基幹系システムが選定された後においても、お互いに納得のできる事務のあり方を検討することが多いのも特徴といえる。ただし、これも程度問題の部分があり、いっさいの制約なく、すべての銀行事務の統合方針を議論すると、時間と手間は相当なものになってしまうため、検討の拠り所としての事務統合方針を事前に決めることを筆者は推奨している。

　ちなみに、当然のことだが、効率性を重視した検討にするならば、事務は基幹系システムの選定された側の銀行事務に完全片寄せというスタンスが手っ取り早い。しかしながら、納得度や片寄せを余儀なくされる側への配慮なども往々にして加わるため、冷静に、検討期間の観点（お互いの事務に関する検討項目を網羅的に洗い出し、一つひとつ丁寧に議論すると膨大な時間がかかる等）と、研修をはじめとした負荷の観点（事務片寄せならば現在使っている側の銀行役職員への研修は不要になり、その分、相手行のサポートなどに時間

が割ける等）、納得度の観点（心理的な配慮の問題）で方針を整理するとよい。

(2) 事例にみる事務統合方針の考え方

　以上のような特徴をもつがゆえに、過去の銀行合併事例では、筆者の知る限り、事務統合は原則、片寄せが一般的といえる。しかしながら納得度の観点から、全面片寄せということも少なく、「片寄せを基本としつつ、納得度を考慮し一部是々非々の対応を取り入れる」という着地が多い。また、事務変更の影響を緩和するために、合併・システム統合前から一部事務を寄せる、変更のない側の役職員が大きく変更する側の役職員に対して営業店への派遣含みで手厚くサポートするなどの施策を取り入れており、そのための負荷も相応に考慮しておく必要はある。

【参考1】　A行とB行の合併、合併を先行、その後にシステム統合、A行システムに片寄せの事務統合方針例

・システム統合までは、両行の基幹系システムは並存するため、両行の事務（フロー）は、旧銀行どおりを基本とする。

・システム統合に向け、営業店および本部に係る事務は、正確性・効率性・顧客満足の維持・向上を基本とし、システムとの整合をとりつつ、新銀行の業務運営が安全に開始できることを重視して構築する。

【参考2】　C行とD行の合併、合併とシステム統合を同時に行う、C行システムに片寄せの事務統合方針例

・D行の基幹系システムに依存する事務は、C行の仕様を基本とする。それ以外の事務については、リスクの軽減・堅確な事務処理・事務の効率化・システム開発負荷等を考慮して仕様を決定する。

・顧客対応態勢に影響がないよう、システム統合前に十分な研修を実施し、事務習熟度を高めてスムーズな業務移行を図る。

・D行の部店においては、事務統合に伴って現行の事務取扱が激変することも想定されるため、その緩和措置として合併の前からD行の事務取扱いをC行の事務取扱いに近づける「事前事務統合」を一定程度行う。

4 ## 統合に伴う対話の留意点

　統合・合併が地域金融機関の生き残りのために必要不可欠または最善だとしても、負の影響を受けることで発生しうる利害関係者の離反は、金融機関の存立を脅かしかねないため、十分な配慮と説明が必須となる。したがって、統合に伴う対話における第一歩として、統合・合併に踏み切る「目的や必然性（大義）」をしっかりと伝えるとともに、利害関係者の立場に応じた説明のポイントをふまえることが肝要となる。なお、大義を伝える際には、

- 経営統合の目的および必然性……独立自走ではなく、他行との経営統合を選択するに至った背景や理由
- 合併の必然性……「持株会社傘下の経営統合」や「包括的提携」ではなく「合併」まで踏み込む理由
- 合併相手の必然性……合併相手として、選択した金融機関が適切だと判断した理由

等を明確にする必要がある。地域金融機関の統合における対話はその「大義」を前提にして、

- 顧客・取引先……経営統合・合併によるさらなる地域への貢献の理解とともに、地域顧客にとって不利益が生じること（地域に密着したサービスの低下等）への不安の払拭の観点での対話
- 役職員……経営統合・合併の大義の理解とともに、新たな業務習得への不安、合併後の雇用・処遇・評価に関する不安の払拭の観点での対話
- 市場・株主……企業価値の向上（事業全体の収支見込み、投資家にとってのESG投資に合致する取組み）の観点での対話
- 当局……経営統合・合併の大義を実現するために経営層が自らしっかりと推進することを前提に、地域顧客や役職員への対応、合併後の事業継続性の見立てなどに関する広範な観点での対話

の4つの区分で考えると整理しやすい。

　以降、各区分での対話の留意点等を整理する。

(1) 顧客・取引先との対話

　顧客・取引先に対しては今後、地域金融機関として金融仲介機能の質のさらなる向上を目指し、統合を手段として利用することの意義を伝え、顧客満足度への影響度・維持向上を図る必要がある。もちろん、地域を支える存在・仲間として地域の行政機関や商工会議所等に対する配慮も忘れてはならない。

　対話に向けて考えるべき主な内容を列挙すると、

・統合・合併の目的や趣旨の表明……合併に至る目的や趣旨について、公表できる最初のタイミングで「具体的」に「わかりやすく」説明する。

・（あらためて）リレーションシップバンキングに対する表明……合併後も、顧客の実態やニーズを理解のうえ、適切な資金仲介と、法人顧客への本業支援（事業再生・再成長等）、個人顧客への豊かな生活設計サポートの実施などを、統合を契機にどのように強化していくのかを具体的にわかりやすく説明する。

・顧客影響の迅速かつ確実な周知……統合や合併によって、取引や商品・サービス等にどのような影響があるのかを的確にしっかり伝えることとともに、移行時のATMやインターネットバンキングの休止等、特に顧客サービスに支障をきたす事象は、店頭および各種媒体で早期に、確実に伝える必要があり、さまざまなシーンにおいて、そのつど丁寧な対話を心がけるべきである。なお、それでも、統合・合併に伴う「顧客・取引先」の懸念として、地域より銀行都合を優先した姿勢に転換したり、提供商品やサービスが低下したりしないか、という不安をもたれることは多い。特に合併などの場合、いままでとまったく同様の商品・サービスは提供できないことにはなるのだが、それぞれ丁寧な説明とともに極力不安の払拭を図っていかないと顧客や取引先の離反につながるため、全行での問題意識の共有のもと、確実な対応を要する（すなわち、相当の負荷がかかる）ことを理解しなくてはならない。

(2) 役職員との対話

役職員との対話で重要なのは、やはり、統合や合併に際しての業務変化や合併作業を含めた負荷、将来の雇用や処遇などであろう。以前合併した某金融機関では、「合併の実現性に対する不信・不安」「相手銀行に対する不安・理解不足・誤解」「合併後の処遇に対する不安」という声が多いことが判明し、その後に頭取名でのメッセージ発信や役員による営業店臨店を重ねるなど、相当の負荷をかけて対話を行っていた。しかし、経営統合や合併では非常にセンシティブな内容も存在するため、いつ情報開示をして問題ないか、という観点と、聴き手である役職員の不安をどのように解消するのか、という観点でのバランスのなかで、どのタイミングで、何の情報を発信するかを常に考えながらプロジェクトを推進することが必要となる。

主な取組み例としては、

・合併の目的・方向を説明し、地域経済に継続的に貢献し、より質の高いサービスを提供するための過程であるメッセージを発信する
・行内ニュースを活用し、合併準備状況や予定を定期的に周知、また、合併プロジェクト名称（愛称）やスローガンを決め、合併プロジェクトを一丸となって進める雰囲気を醸成する
・合併準備作業や社内イベント等、合併前から銀行間の人事交流の場を設け、相互理解を図る
・新銀行で求められる人材像を具体的に定義し、行員が目指す方向性を明らかにする
・目指す人材像もふまえた新銀行の人事制度の骨子を早期に明示する。処遇や評価制度で負の影響が生じかねない部分はあいまいにせず、決定の後すみやかに、具体的かつ丁寧な説明を心がける
・新業務習熟のため、合併前に各種研修を実施し習得をサポートすること、合併後も継続してフォローアップ研修を行うこと、キーマンを合併前後で大きく配置転換しないなど十分配慮することを伝える

等があげられる。

　ただし、プロジェクトの推進にあわせてつど検討しながら対応を図ると、どうしても抜け漏れや本部側の見立てが優先し、役職員の不安を払拭しきれないことも多い。そこで、筆者は、統合プロジェクトを開始する最初のタイミングでいつ、どのような情報を、誰から発信するという、コミュニケーションプランの立案が有効と考える。最初に全体像を計画化しておくことで、大きな抜け漏れ防止になることに加え、たたき台があることで実施のつど、高いレベルで議論、準備できるという効果もあるので、留意いただきたい。

(3)　市場・株主との対話

　地域金融機関は、経営統合によっていかに企業価値が向上するのか、それはどのように持続的なものになっていくのかをしっかりと説明する義務を負う。特に上場している地方銀行はより丁寧な説明責任を担わなければならない。一方で地方銀行では顧客が株主になっていることも多く継続的な地域貢献を注視しているため、企業価値と地域貢献の考え方を同期させることが必須ともいえる。しかしながら、収益獲得を強く優先する考え方と地域創生や地域貢献の先にある収益を目指す考え方は時折相反することもあり、経営統合によってその金融機関のあり方が問われることにもつながる。このような問題に真剣に向き合うなかで地方銀行が株式を上場している意味をあらためて問い直すべきという意見もあり、慎重な対応が求められるといえる。

(4)　当局との対話

　人口減少を通じて金融機関の収益環境が厳しくなるなかで、金融庁は、金融機関の経営統合を健全性維持のための1つの選択肢としてとらえている。経営統合や合併によって得られるシナジーをどのように地域に還元するのかという大命題について的確に説明するとともに、統合・合併による負の影響に対する配慮も必要となる。具体的には、合併準備作業の障害発生による顧

客への影響や、合併後、独占・寡占の弊害として顧客サービスが低下することへの懸念が常に存在するため、どのようにその懸念を払拭するつもりなのかについて丁寧な説明を心がける必要がある。

　そこで当局との対話では、

・経営層がどのように主導性を発揮しているのか

・どのような意思決定プロセスを踏んでおり、そこにどのようにしてステークホルダー（社外の取締役や監査役、顧客、職員）の声を取り込む工夫をしているのか

・重複店舗を統廃合しつつも、顧客利便性をどのように維持していくのか

・銀行単体だけでなく金融グループ全体として、今後の事業継続性（顧客本位の持続可能なビジネスモデル）をどのように描いているのか

・合併に伴う顧客サービスの向上（取扱商品ラインナップの増加、マッチングの広域化）、事業性融資や課題解決支援の質の向上に向けて具体的にどのように進めていくのか

・合併の果実を地元に還元し、地元企業の持続性維持や生産性向上、地域の産業・経済の発展のため、どのような取組みを行っていくのか

等の観点に留意していくことが必要となる。加えて、当然ながら経営統合・合併プロジェクトの実施中における当局に対するつどの状況説明や銀行法に基づく報告等の対応も相応の留意が必要となる。なお、これらの説明や報告の観点では〈巻末資料〉「システム統合リスク管理態勢に関する考え方・着眼点（詳細編）」が大変参考になる。

⑤　主な法制度上の対応

　地域金融機関は社会生活に密接に関連する業種であり、常に金融当局の管理・管轄を受ける規制業種であるがゆえに、一般事業会社以上にさまざまな法制度に基づき統合や合併を行う必要がある。主な関連法律を列挙すると以下が考慮される。

- 金融機関の合併及び転換に関する法律（金融機関同士の合併契約の作成、合併認可等）
- 会社法（株主総会承認、債権者保護手続、会社登記等）
- 銀行法、信用金庫法、中小企業等協同組合法（当局による認可等）
- 私的独占の禁止及び公正取引の確保に関する法律（通称は独占禁止法、公正取引委員会による審査、承認等）
- 金融商品取引法（有価証券届出書、臨時報告書の提出等）
- 産業競争力強化法（登録免許税の軽減の特例等）
- 金融機関等の組織再編成の促進に関する特別措置法（通称は組織再編法、経営基盤強化計画認定を前提とした各種特別措置の適用等）

　なかでも地域金融機関の合併は、その重要性から金融当局による認可を必要とすることに特徴がある。地方銀行は銀行法、信用金庫は信用金庫法、信用組合は中小企業等協同組合法に基づく認可を受けて、初めて合併を行うことができる。加えて、昨今の同一地域内統合における公正取引委員会の企業結合審査も重要な論点となっている。詳細は他の専門書等に譲るが、全般的にこれらの手続に要する時間の見極めは、長崎県の十八銀行と親和銀行の統合延期などのように状況によって統合スケジュールに大きく影響が出るため、一般事業会社以上に慎重な対応が必要となる。

第 4 章

合併プロジェクトの実務

合併は自金融機関の生死を左右することに直結するような取組みであり、合併の決定までに相当の検討や厳しい討議や交渉等を経て、最終的に不退転の覚悟をもって判断されるものと理解している。しかしながら、いったん決めた合併というものも、その実行にあたって、おそらくは大半の方が予想される以上の多くの手間や時間、さらに多くの困難を乗り越えてはじめて達成できることと断言できる。本章はその一端を少しでも実感いただけることを企図している。なお、本章も地方銀行を題材にしているが、地域金融機関全般の合併に共通することも多い。以下、合併プロジェクトの実務を

　１　計画の策定、２　組織・業務の統合対応、３　商品・サービスの統合対応、４　銀行システムの統合対応、５　銀行事務の統合対応、６　合併・システム統合に伴う顧客対応、７　移行リハーサル・移行対応、８　プロジェクト管理、の８項目に大別して説明する。

① 計画の策定

(1) 合併計画の全体像

　計画の策定の実務として、まず考えるのは、合併計画の全体構成と「いつ」「どのような」計画をつくっていくのかという整理である。銀行合併プロジェクトが少ない時代は、計画といっても合併のマスタースケジュール表を作成し、それ以外は主な作業となるシステム統合の計画や事務統合の計画を策定し、後は必要に応じて計画を整備する、という走りながら考えるプロジェクト運営もあったと聞いたことがある。しかしながら、アビームコンサルティングが行ったM&Aに関する調査においても、合併の計画をスケジュールだけでなくプロジェクト計画として取りまとめたほうが、成功確率が高くなるという結果も出ており、昨今はしっかりした計画策定を当然のように求められると考えるべきであろう。ちなみに、プロジェクト計画とはどんなものであろうか。教科書的にいうと「プロジェクトのゴール（＝目標、

方針）」「ゴールまでの道筋と手段（タスク、スケジュール、体制、予算等）」「ゴールまでの進行状況や問題をコントロールする方法（プロジェクト管理方法等）」を定義したものとなる。

特に、計画内容をまとめ上げるための留意点として、次の3点をあげたい。

① プロジェクト方針の共通理解の醸成……プロジェクトの基本的な考え方・方針を「文書」として定めることで、プロジェクトメンバーの共通理解の醸成を図る

② ゴールの明確な設定……プロジェクトにおける重要なマイルストーン（持株会社設立時期、銀行合併時期等）を「計画」として定めることで、常にゴールを意識したプロジェクト運営を実現させる

③ 管理の枠組みづくり……プロジェクト全体の枠組み、位置づけ、体制等を定めることで、広範な取組みとなるプロジェクトを的確に管理するための土台を構築する

次に、これらプロジェクト計画に関する基本的な理解を前提に合併に関連する計画類（以下「合併計画」）について述べる。

合併計画は非常に多岐にわたる。銀行合併が組織、業務、システム、顧客対応などの各方面について全面的に対応する事項があるため当然だが、すべての計画を最初から策定するのはかなり困難である。なぜなら、計画するために決めなければならないことは膨大にあるが、それは最初の段階で大きくプロジェクトの方向を決めるためにすみやかに決定すべきものと、時間の経過にあわせて順次検討してよいものが混在しているからにほかならない。したがって、筆者が考える合併計画を策定するときの大事なポイントは、次の3点になる。

① 計画の「体系化」と「階層化」を行う……合併計画の要素を分解し、プロジェクト体制と極力整合できるような計画類体系をつくることで計画を担当部門とわかりやすく整合させることができる。また、階層構造化することで、上位の計画に定義した事柄は下位の計画にはわざわざ定める必要

がなくなり、効率的な計画策定が実現できる。

②　最初に決めなくてはいけないことを明確にしたうえで初版を策定し、ゴールまでのスケジュールに整合したタイミングで適宜改版できる方法をとる……一般的に金融機関では計画策定時に必要なすべての事柄を極力決めてから決裁をとる傾向にあるが、合併プロジェクトのように長期にわたる取組みの場合、その方法はあまり現実的ではない。早期に決めなくてはいけないことや、決められることについてまとめた段階で計画をいったん確定させ、そのうえで、プロジェクトを推進するなかで順次内容を精緻化していく方法をとらないとスピード感のある運営が実現しない。ただし、なんでも走りながら考えるだけであると、ゴールが常に揺れ動いてしまうので、「どのタイミングで」「何を決めるのか」という見極めは大変重要になる。

図表4－1　合併計画の計画書体系イメージ

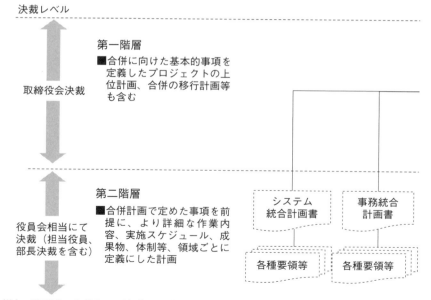

（注）　計画書の名称および各種要領等計画書群はイメージ。

③　制定・改版レベルをすべての計画について定め、ガバナンスに照らして適切な承認権限を設定する……銀行の規程類と異なり、プロジェクト計画はどこで定めるべきかを不明確にし、結果として責任権限関係を不明確にしてしまうことがある。しかし、全行をあげて取り組む合併のようなプロジェクトでは適切な権限設定（＝権限委譲）が必要であり、それを計画に明記することでプロジェクト関係者の無用な混乱を最小限にとどめることができる。

　このような考え方のもと、筆者が推奨する計画体系は、図表4－1のとおり、合併基本計画を最上位の計画に位置づけ、その下位に、システム統合計画、事務統合計画、顧客対応計画、本番移行計画、移行判定計画などを策定するイメージである。通常、地方銀行の合併プロジェクトでは計画書と呼ばれるものが最低でも10種類程度はあり、システムや事務をはじめとしたすべ

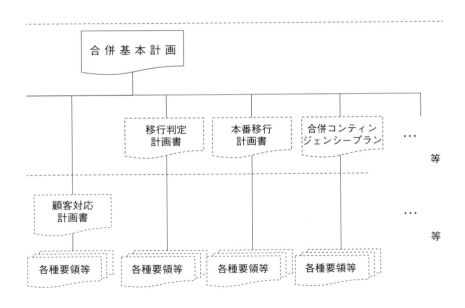

ての領域における計画類（各種要領・ガイドライン等も含む）としての制定文書を列挙すると100種類を超えることも珍しくない。このように多くの文書からなる合併計画であるがゆえに、検討当初に体系化を明確に意識することで全体像の理解も促進される。

　以下、合併計画のなかでも主要な計画について、その概要を述べる。なお、本書に記載した計画名称はすべて本書における呼称であり、プロジェクトによって自由に定義できることを補足する。

① 合併基本計画

　合併対応の各種計画のうち最上位計画と位置づけ、合併対応の基本方針および基本的事項・枠組み等を定義したもの。これらは、その後の合併対応における重要事項討議などにおいて基本的な拠り所となる（図表4－2）。

図表4－2　合併基本計画の目次例

1．合併の目的および基本方針 　(1)　合併の目的 　(2)　合併推進上の基本方針 　(3)　合併銀行の基本事項
2．合併における個別方針 　(1)　合併対応 　(2)　システムの統合 　(3)　事務の統合 　(4)　店番・店名の変更 　(5)　顧客への対応
3．合併スケジュール 　(1)　スケジュール概要 　(2)　主要マイルストーン
4．合併プロジェクトの推進体制 　(1)　合併推進体制の基本的な考え方 　(2)　合併に関する意思決定と報告態勢 　(3)　合併推進体制および役割

> **5．合併プロジェクトの管理**
> 　(1)　管理対象領域とプロジェクト管理の考え方
> 　(2)　プロジェクト固有リスクの認識
> 　(3)　合併移行判定
> 　(4)　不測の事態への対応
>
> **6．合併プロジェクトの監査**
> 　(1)　内部監査
> 　(2)　外部監査

②　システム統合計画

　基本計画で定めた事項を前提に、銀行業務および顧客サービス提供の中核となるシステムの統合に向けた個別の方針、実施スケジュール・体制等を定義したもの。各システムの統合の方式・時期を定めるとともに、統合に伴うシステムの凍結期間（現行システムの追加開発の制限）等を定める（図表4－3）。

図表4－3　システム統合計画の目次例

> **1．システム統合の概要**
> 　(1)　システム統合の概要
>
> **2．システム統合における個別対応方針**
> 　(1)　商品・サービスの取扱い
> 　(2)　番号体系
> 　(3)　システム全体構成
> 　(4)　基幹系システム
> 　(5)　サブシステム
> 　(6)　端末・ATM
> 　(7)　カード・通帳
> 　(8)　インターネットバンキング・EB
> 　(9)　自行システム
> 　⑽　基盤・ネットワーク
>
> **3．システム統合に向けたスケジュール**
> 　(1)　システム統合スケジュール

(2)　主要マイルストーン
(3)　工程の定義
(4)　システムの凍結期間
(5)　移行期間
4．推進体制
(1)　プロジェクト推進体制・レポートライン
(2)　関連システムベンダー体制
(3)　主な役割分担
5．システム環境
(1)　開発、テスト環境
(2)　元帳移行、データ伝送方針
(3)　研修環境
6．プロジェクト管理ルール
(1)　テスト環境・元帳移行におけるセキュリティ管理

③　事務統合計画

　合併およびシステム統合に密接に関連する営業店事務・集中事務の統合方針、実施スケジュール・体制、事務研修や事務移行作業等を定義したもの。銀行合併およびシステム統合実施後の銀行業務を円滑に実施するための移行作業（移行またぎ対応）や研修・リハーサル実施の概要・方針を定める（図表4－4）。

図表4－4　事務統合計画の目次例

1．事務統合の概要
(1)　事務統合の概要
2．事務統合における個別対応方針
(1)　営業店事務における統合方針
(2)　集中事務における統合方針
(3)　合併前における事務統合方針
3．事務統合に向けたスケジュール
(1)　事務統合スケジュール

（2） 主要マイルストーン
4．事務統合に向けた研修 （1） 事務研修の実施方針 （2） 事務研修の実施方法 （3） 習熟度評価・フォローアップ
5．事務統合に向けた移行作業等 （1） 営業店リハーサルの実施 （2） 移行またぎにおける事務対応 （3） 事務用度等の入替え準備
6．推進体制 （1） プロジェクト推進体制・レポートライン （2） 主な役割分担

④　顧客対応計画

　合併およびシステム統合に関連して生じる銀行名の変更や商品・サービスの変更に伴う顧客対応の方針・手段、対応のスケジュール・推進体制等を定義したもの。銀行合併に伴い発生する銀行共通顧客への対応やシステム統合に伴う商品・サービスの変更の説明・告知等に伴う各種照会への対応体制を定める（図表4－5）。

図表4－5　顧客対応計画の目次例

1．顧客対応にあたっての基本方針 （1） 顧客対応にあたっての基本方針
2．顧客対応にあたっての個別対応方針 （1） 合併および銀行名・銀行コードの変更の案内 （2） 両子銀行の共通取引先への対応 （3） 既存の商品性・サービス内容の改定の案内 （4） 既存の商品・サービスの廃止に向けた対応 （5） サービスの臨時休止に関する案内
3．顧客対応の方法 （1） 顧客対応の方法・手段 （2） 優先度設定・手段検討の考え方

４．顧客対応のスケジュール
（1）　顧客対応スケジュール
（2）　主要マイルストーン
５．推進体制
（1）　プロジェクト推進体制・レポートライン
（2）　主な役割分担
６．顧客からの照会への応答体制
（1）　応答体制の整備・運用
（2）　本部・コールセンター等による受電応答
（3）　店頭・訪問先等での対面応答

⑤　移行判定計画

　合併およびシステム統合におけるシステム・事務・顧客対応等の準備状況から、移行の実施可否を判断する「移行判定」の実施について、実施方針・スケジュール・体制・承認までのプロセス等を定義したもの。システム統合におけるリスク管理態勢として、取締役会にて移行判定基準の承認・判定結果の承認を行うことから、判定結果の承認までのプロセス等を定める本計画の内容は取締役会での決裁を行うことを推奨する（図表４－６）。

図表４－６　移行判定計画の目次例

１．合併移行判定の実施方針
（1）　合併移行判定の実施方針
２．合併移行判定実施スケジュール
（1）　合併移行判定実施スケジュール
３．合併移行判定の実施体制
（1）　合併移行判定の実施体制
（2）　合併移行判定実施体制の主な役割・権限
４．合併移行判定作業～判定結果承認までのプロセス
（1）　合併移行判定作業～判定結果承認までのプロセス

5．合併移行判定項目および判定基準 (1)　合併移行判定項目および判定基準

⑥　本番移行計画

合併およびシステム統合の実施、すなわち「移行」にあたっての基本方針・スケジュール・体制等を定義したもの。合併およびシステム統合における実施体制・不測の事態への対応等を定めることから、システム統合におけるリスク管理態勢として本計画の内容は取締役会での決裁を行うことを推奨する（図表４－７）。

図表４－７　本番移行計画の目次例

1．移行に関する基本事項 (1)　移行にあたっての基本方針 (2)　移行期間の定義 (3)　移行に係る各種基準日・サービス開始日
2．移行の概要 (1)　移行作業の概要 (2)　移行スケジュールの概要 (3)　移行期間における営業方針
3．移行体制 (1)　移行特別体制 (2)　移行特別体制における役割 (3)　移行状況等の把握手段・連絡フロー
4．稼働判定 (1)　稼働判定の定義 (2)　稼働判定のプロセス概要 (3)　稼働判定における判定項目および判定基準
5．リハーサルの実施 (1)　移行リハーサルの概要 (2)　実施スケジュール

6．移行期間に発生する不測の事態への対応
- （1）　移行時トラブル対応の基本方針
- （2）　フォールバックの実施について
- （3）　移行期間におけるコンティンジェンシープラン

⑦　合併コンティンジェンシープラン

　合併およびシステム統合後の銀行業務の遂行にあたり、移行に起因するトラブルやシステムトラブル等を含む緊急時の対応態勢（コンティンジェンシープランの発動権限者や発動基準）等を定義したもの。システム統合におけるリスク管理態勢として、取締役会にて統合後のシステム構成等をふまえたコンティンジェンシープランの承認を必要とすることから、緊急時の対応態勢・訓練の実施等を定める本計画の内容について、取締役会での決裁を行うことを推奨する（図表4－8）。

図表4－8　合併コンティンジェンシープランの目次例

1．合併コンティンジェンシープランの基本事項
- （1）　目的
- （2）　適用範囲・期間

2．緊急時対応態勢
- （1）　緊急時対応態勢
- （2）　緊急時対策本部の構成
- （3）　本部各部の役割

3．緊急時対策本部の設置とコンティンジェンシープラン発動
- （1）　緊急時対策本部の設置基準
- （2）　コンティンジェンシープラン発動の基準

4．緊急時の連絡体制
- （1）　営業店に対する指示
- （2）　関連システムベンダー・外部センターとの連絡

5．緊急事態発生時の対応
- （1）　対応手順概要
- （2）　初期対応・暫定対応・本格復旧対応の考え方

6．本番移行期間に想定されるリスク事象
(1) 本番移行期間に想定されるリスク事象
7．行外宛報告・連絡・広報
(1) 監督官庁・日本銀行、外部センター
(2) マスメディア
8．合併コンティンジェンシープラン訓練
(1) 訓練実施の目的
(2) 訓練概要

(2) 合併方針

① 共通的方針の論点と留意点

　合併基本計画では、合併に関する共通的方針として、各種検討の前提となる統合日および基本的な考え方、ガバナンス、人事等の方針を定めることが必要になる。

　具体的な検討内容と主な留意点は図表4－9のとおり。

図表4－9　合併に関する共通的方針の論点と留意点

分　類	検討事項	検討内容と主な留意点
前提事項	合併日	・「コスト」「期間」「リスク」のバランスを考え、合併をシステム統合の前に実施するか、同時にするかを決め、システム面での工程の実施期間の検討および合併候補日をふまえ、具体的な合併時期を決定する
	方針決定・推進における基本的な考え方	・合併準備を進めるにあたり、「コスト」「期間」「リスク（安全性）」の各要素について何を重視するかを明確にし、他の要素も考慮しつつ、経営としてバランスを見出し、意思表明する

ガバナンス・	ガバナンスの	・持株会社が業務執行の方針まで踏み込むの
プロジェクト	基本事項	か、経営方針や経営戦略等の中長期的な企
管理態勢		業価値向上に資する議論に注力するか等、
		持株会社の基本的な役割を決め、持株会社・
		子銀行・関連会社を含むグループとしての
		経営体制の方針を表明する
	合併推進体制	・合併推進体制の前提となる、持株会社と子
		銀行の関係（持株会社主導で進めるか、子
		銀行主導で進めるか）を決め、その前提に
		基づき、意思決定と報告態勢の考え方（持
		株会社と子銀行間での意思決定プロセス、
		持株会社と子銀行間で協議する会議体の有
		無等）を表明する
		・子銀行各部間で連携して推進するための業
		務分野別の検討組織（部会）に加え、特に
		重要な分野（システム・事務等）における
		部門横断組織（プロジェクトチーム）の組
		成を考慮した体制を表明する
	プロジェクト	・合併準備が不確実性の高い取組みであるこ
	管理	とをふまえ、リスクの認識とリスクコント
		ロールの考え方を示す
		・取締役会承認による全行レベルでの観点の
		移行判定を実施し、合併に向けたリスク低
		減および品質の担保を図ることを示す
		・移行判定で合併不可と判断された場合や不
		測の事態における、合併の延期・中止に関
		する意思決定の考え方を示す（決裁権限、
		フォールバックの最終タイミング、既存の
		危機管理規程との関係に留意する）
		・合併準備における内部監査の役割、外部監
		査の方針を示す
組織・業務の	商品・サービス	・前提事項で表明した「コスト」「機関」「リ
個別方針	の統合	スク」のバランスを考慮し、商品サービス
		の統合方針・時期を示す

人事方針	・人事制度、役職体系／権限、人事システムの統合検討の前提となる基本的な考え方を示す	
店番店名変更	・店番・店名の重複解消時期、変更における留意事項（顧客対応等）を示す	

② システム統合方針の論点と留意点

システム統合方針としては、基本事項（統合方式、合併後の基幹系システム、システム開発方針等）およびシステムの個別領域に関する方針を定める必要がある。

なお、合併と統合タイミングが異なる場合、その区分も考慮する必要がある。

具体的な検討内容と主な留意点は図表4－10のとおり。

図表4－10　システム統合方針の論点と留意点

分類	検討事項	検討内容と主な留意点
基本事項	統合方式	・合併後に基幹系システムを一本化するのか、合併と同時に一本化するのかを示す
	基幹系システムの統合	・合併後の基幹系システム（どの子銀行のシステムに統合するか、または新しいシステムを採用するか）
		・基幹系システムの一本化に伴う、合併後に加盟する共同化スキーム
	システム開発方針	・合併方針をふまえ、システム開発にあたり、「コスト」「期間」「リスク」の何を重視して検討を進めるかを示す
		・プロジェクト管理・リスクコントロールの観点から、システム凍結の考え方（いつから、どこまでの範囲の開発を凍結するか。段階的な凍結も考慮）を示す

個別事項	サブシステム統合	・合併方針をふまえ、サブシステムの統合方針（片寄せか、是々非々で判断するのか等）を示す
		・サブシステムの本番稼働時期の考え方を示す（基幹系システムの移行と異なるタイミングを許容するか）
	店番店名変更	・全体のシステム統合スケジュールの影響をふまえた、店番店名変更のシステム対応時期（期限）を示す
	口座振替委託先対応	・口座振替委託先対応に関するシステム対応に関する方針を示す（例：委託先試験の実施方針） ※内容によっては口座振替委託先対応についての下位計画書にて方針を表明する
	元帳移行	・元帳移行のプログラム開発、データ授受、移行作業の概要
	営業店端末、ATM、IB	・営業店端末、ATM、IBの統合方針
	通帳・証書・キャッシュカード	・通帳・証書・キャッシュカードの統合方針
	各種番号体系の取扱い	・口座番号の重複有無、重複の場合の対応方針、科目・種別コード体系の統合方針、顧客番号体系の統合方針
	システムセンターの対応	・データセンター、サーバールーム、バックアップ センターの対応方針
	外部センターの対応	・全銀・統合ATM・CAFIS・ANSER等 の外部接続センターの対応方針
	ネットワークの対応	・行内ネットワーク（本部、営業店、集中センター）の対応方針

③　事務統合方針・顧客対応方針の論点と留意点

　事務統合方針では、事務統合の基本的スタンス（片寄せ・お互いによい部分

を取り込む等）を明確にしたうえで、規程・用語統一、集中事務、研修、帳票等の変更方法などを定める必要がある。また、顧客対応方針では、顧客対応の基本スタンス（丁寧な説明を原則としつつもコストバランスを考える等）を明確にしたうえで、店舗統合、手数料・金利の統一、店番店名変更を定める。加えて、システム変更に伴う口座振替え等の委託先対応の横断対応方針等も重要になる。

　具体的な検討内容と主な留意点は図表4−11のとおり。

図表4−11　事務統合方針・顧客対応方針の論点と留意点

分類	検討事項	検討内容と主な留意点
基本事項		・全体方針をふまえ、システム統合方針との整合も考慮し、「コスト」「期間」「リスク」何を重視するか（片寄せ・是々非々で検討するのか）事務統合の基本的なスタンスを示す
個別事項	規程・用語統一	・基本事項をふまえ、規程統一・行内用語統一の考え方を示す（どちらかの銀行をベースに進めるか、是々非々で検討するか）
	集中事務、事務センター	・集中事務の対象、実施場所の見直しおよび事務センターの拠点集約の方針を示す（合併効果の早期発現を優先し合併前から見直し・集約を進めるか、リスク低減を優先し、合併まで見直し・集約を最小限にとどめるのか、基本的なスタンスに基づき検討）
	研修	・研修の効果と効率性を考慮した研修方法・研修後のフォローアップの考え方を示す（内容や期待する習熟度に応じて効果的な方法を検討することが合理的）
	帳票・用度品・事務機器	・銀行名変更に伴う帳票・用度品の入替え・事務機器の設定変更の対応方針を示す

	口座振替え等対応	・口座振替え等の事務対応方針（口座振替え等の媒体受付、振分対応ほか）を示す
基本事項		・全体方針をふまえ、顧客通知・説明・問合せ対応等の基本的な考え方（「コスト」「期間」「リスク」のバランス）を示す
個別事項	店舗統廃合	・店舗統廃合検討・実施時期の考え方を示す（合併準備と並行して合併前から店舗統廃合を積極的に実施するか、負荷やリスクに鑑み本格的な実施は合併後とするか）
	手数料・金利の統一	・手数料・金利統一の方法・時期・顧客への説明に関する方針を示す
	店番店名変更	・店番店名変更に関する顧客対応方針（例：公表時期、店番店名変更後の読替え対応の有無・期間、カード・通帳の再発行対応の有無・期間）を示す
	口座振替委託先対応	・口座振替委託先対応に関する顧客対応（例：手数料の統一方針）を示す

(3) 合併タスクとスケジュール

① 合併タスクの全体像

　合併計画に必要となる合併タスクは、システム統合や事務統合が重要な要素である一方で、合併対応タスク全体を俯瞰すると、システム統合や事務統合のほかにも対応すべき事項は幅広く存在する。合併タスクを大別すると、A)企業の結合に伴う対応、B)銀行名の変更に伴う対応、C)業務の統合に伴う対応、D)移行作業に向けた対応の4つに区分できる。

A)　企業の結合に伴う対応

　認可申請や届出、広報活動、組織・行内制度の設計、重複取引先への対応、所定の企業清算手続、重複する店番／店名の事前変更に伴って生じるシステム対応・顧客対応等（図表4−12）

図表 4 −12　企業の結合に伴う対応

タスク分類	主なタスク内容
(1)　認可申請・各種届出	・監督官庁への認可申請 ・団体等各所への届出 ・登記手続
(2)　広報・IR	・マス（世間一般）向けの情宣 ・既存取引先向けの案内 ・投資家向けの案内
(3)　組織体制の設計	・経営理念の制定 ・経営計画の策定 ・経営執行／管理体制の設計 ・本部組織体制の設計 ・営業店組織体制の設計 ・役職・職位・権限の設計
(4)　行内の諸制度の統合	・制度（規程）体系・用語の整理 ・各種制度の統合（規程整備、行内周知）
(5)　重複する店番／店名の変更	・各種届出、登記手続 ・店名掲示（看板等）の変更 ・変更対象取引先への個別対応 ・店番／店名入りアイテムの変更 ・システム登録・設定の変更
(6)　共通する取引先への対応	・営業推進方針の整理 ・与信・債権管理方針の整理
(7)　重複する契約・加盟の整理	・本部側での契約・加盟の整理 ・各営業店での契約・加盟の整理
(8)　法定の企業清算の手続	・清算決算処理の確認 ・公告等の実施

B)　銀行名の変更に伴う対応

　銀行名変更に伴う各種届出、広報活動、旧行名掲示の変更や表記物品の入替え、システム変更対応、自行のシステム面での対応、既存顧客のシステム面に対する影響対応、旧銀行名入り通帳や伝票等の入替え等（図表 4 −13）

図表 4 −13　銀行名の変更に伴う対応

タスク分類	主なタスク内容
(1)　新たな銀行名の決定	・和文／英文商号の決定 ・ロゴ等のCIの制定 ・新ドメインの取得
(2)　認可申請・各種届出	・監督官庁への認可申請 ・団体等各所への届出 ・登記手続
(3)　広報・IR	・マス（世間一般）向けの情宣
(4)　銀行名掲示・表示の変更	・自行店舗での変更（看板等） ・提携先での変更（コンビニATM等）
(5)　既存取引先への個別対応	・変更に伴う依頼等の案内 ・既存契約内容の変更 ・口座振替委託先等とのテスト実施
(6)　旧銀行名入りアイテムの変更	・重要印章（支店長印等）の入替え ・名刺・封筒等の入替え ・顧客交付物（通帳等）の切替え ・顧客記入伝票の入替え ・事務機器（出納機等）の設定変更
(7)　システム登録・設定の変更	・基幹系システムでの対応 ・サブシステムでの対応 ・各部システム（基幹系連携無）での対応
(8)　グループ内での関連対応	・親会社（FG）での対応 ・銀行子会社での対応

C)　業務の統合に伴う対応

　拠点や業務取扱いの統合、業務で利用するシステムの統合対応、商品・サービスの統合、顧客向けに行う事務処理やその集約拠点の統合、事務取扱いに関する規程の整備や職員向け周知、基幹系システムを中心としたサブシステムやITインフラの統合に向けた対応等（図表 4 −14）

図表 4 −14　業務の統合に伴う対応

タスク分類	主なタスク内容
(1)　商品・サービスの統合	・商品性・サービス内容の整理 　（規程整備、行内周知） ・顧客交付物（通帳等）の統合 ・変更対象取引先への個別対応
(2)　業務・執務拠点の統合	・営業拠点の統合 ・本部各部の拠点の統合 ・業務集約拠点の統合（事務集中処理セン 　ター、コンタクトセンター、保管拠点等）
(3)　顧客向け事務取扱いの統合	・営業店の事務取扱いの統合 ・渉外事務取扱いの統合 ・事務集中の事務取扱いの統合 ・コンタクトセンターの事務取扱いの統合
(4)　内部業務取扱いの統合	・営業店の内部業務の統合 ・本部各部の固有業務の統合 ・業務集約拠点の内部業務の統合
(5)　システムの統合	・基幹系システムの統合 ・サブシステムの統合 ・各部システム（基幹系連携無）の統合 ・ITインフラの統合

D)　移行作業に向けた対応

　事務システムの本番移行作業の開始に向けた、移行可否判定の実施、移行
手順の整理やリハーサルの実施、顧客照会体制の強化、不測の事態に対する
対応準備等（図表 4 − 15）

図表 4 −15　移行作業に向けた対応

タスク分類	主なタスク内容
(1)　移行可否判定の実施	・判定項目・基準の設定 ・不可時における対応の整理

(2) 顧客照会体制の整備	・顧客照会体制の強化
	・職員へのFAQ周知
(3) 移行作業実施の準備	・移行作業内容の整理（本番移行手順の策定、行内周知、移行リハーサルの実施）
	・移行またぎ対応の整理
	・移行特別体制の確立（指揮命令系統の整備、行内周知）
	・不測の事態への対応整理（移行時CPの策定、行内周知、危機対応訓練の実施）
(4) 移行後の運用確認	・全店試験の実施

コラム② 『部門横断タスクにご用心』

　合併プロジェクトでは、数多くの部門横断タスクが存在する。金融機関では部門ごとに分掌が定められ、○○タスクは○○部、××タスクは××部というように、比較的に容易にプロジェクト体制に沿った合併プロジェクトタスクの割当てができる。しかしながら、いざ部門横断タスクを割り当てるとなると、途端に「この仕事はうちの部門が主導するものではない、いや、そっちの仕事量が大半なのだからそちらの部門が主導するべきだ」等、めんどうな調整作業が発生する。一般的にこのような部門横断タスクの割当ては全体事務局的な機能を担う部門（＝一般的には企画部門）が捌くのだが、これが担当役員を巻き込んだ調整を要するような事態になることも多く、調整に相当の手間と時間を要することも珍しくない。このような調整に時間を要する主な部門横断タスクとしては、

　　１．組織分掌・規程類統一
　　２．合併に伴う各種申請・届出
　　３．合併に伴う行内周知・説明会
　　４．用度品等（ビジネスアイテム）の切替え
　　５．口座振替・総給振等の委託先対応　等
があげられる。

　組織分掌・規程類統一などは一見企画部門が主導すると思われがちだが、いざ状況の取りまとめ等の作業に鑑みると、総務がよいとか事務がよいとか

の議論が始まり、各種申請・届出は、部門ごとの所管タスクとして管理すべきであるとか、行内周知・説明会は大半の情報量になる研修を担う事務部門が主導するかと思いきや、合併広報の事前説明や人事、組織のこともあるので企画部門がよいとの意見が出たり、用度品切替えの主導は総務か事務かどっちだ？、委託先対応はシステム試験がメインだからシステム部門だろうと思いきや委託先連絡調整の所管部が取りまとめをしたほうがもれがないから大半の管理ができる事務部門がよい等々、喧々諤々の様相を呈するわけである。

　結局、このような議論は各行の分掌や実行企画を担う担当の影響力等によっても結論が変わるのだが、基本的には各部門に割り当てられた本来の業務分掌を考慮しつつも、「①プロジェクト遂行上の合理性（"平時"ではなく"有事"における実行企画・管理部門の割当ての適切性）」「②担当可能性のある部門の実行可能性（各部門の体制、力量、経験者の有無等）」の２つの観点でのバランスで決めていくしかないと思われる。

　この「決める」という行為をできる限りすみやかに実施していくことがプロジェクト成功の鍵であることは疑いの余地はない。しかしながら、このような部門間調整負荷が高い事柄は往々にしてその判断を役員層に委ねる傾向にあり、そのことがプロジェクト全体の推進スピードを大きく損なうことが多い。数多くのプロジェクトをみてきた筆者からすると、そのような事柄をできうる限り、役員層ではなく企画部門をはじめとしたプロジェクトタスクの実行企画を担う担当者が、「ゴールを見通し、自分の考えを覚悟をもって関係者に説明し、決める行為を主導」できるかがポイントになると考える。

②　合併スケジュール策定の合理的な考え方と主な論点

　合併スケジュールは、前述のとおり、システム統合スケジュールの検討と整合したかたちで策定する必要がある。なお、合併タスクのスケジュールを個別に検討するのではなく、制約条件となるシステム面のスケジュールをもとに統合日およびシステムの各工程を定めたうえで、逆線表の考え方でスケジュールを当てはめていくことが合理的といえる（図表4－16）。

　主なステップは次のとおり。

A）　合併とシステム統合のタイミングの検討

　〈企画部門主導の検討〉……最初に議論するべき検討のポイントは、合併時期とシステム統合時期を同時にするのか別にするのかである。主に

「統合期間の短縮」「統合関連コスト抑制」の優先度が高い場合には、システム統合と当時に合併を選択し、「統合関連リスクの抑制」を優先する場合には、システム統合の前に合併を選択することになる。

B）　システムの要件定義開始可能時期の検討（体制整備、人員確保等）

〈システム部門主導の検討〉……システム部門が中心になって、要件定義を開始するための、体制、人員確保、社内の他プロジェクトとの競合等を検討する。

　　特に、事前検討と要件定義における検討内容・切分け・連続性を整理することで、適切な期間設定を行う。

C）　合併（システム統合またはリレーシステム稼働）までのシステム工程の各期間の検討

〈システム部門主導の検討〉……ここでは、ベンダーが提案する、各工程に必要な期間をベースに検討する。ベンダーと銀行における役割分担・リスクおよび対応策の確認、銀行側で必要な工数が確保できるかに留意が必要である。

D）　システム統合またはリレーシステム構築の候補日の制約確認（必要な連休日数等）

〈システム部門主導の検討〉……社内外での他プロジェクト、勘定系ベンダーの予定されているイベント、全銀センター等の外部接続先、休日が連続する日程等を抽出するとともに、銀行合併と同時の場合には、銀行名変更に伴う外部影響等もあわせて検討する。

E）　システム部門からみた合併候補日の設定

〈システム部門主導の検討〉……上記A）からD）までの検討内容をふまえて、システム部門としての推奨タイミングを設定する。

F）　企画部門としての合併候補日の設定

〈企画部門主導の検討〉……上記B）からE）までの検討内容と、A）で検討した内容をもとに、プロジェクトゴールとして適切と考えるタイミングを設定する。また、このタイミングで経営層との協議を行うことが多い。

図表 4 −16 合併スケジュール検討の流れ

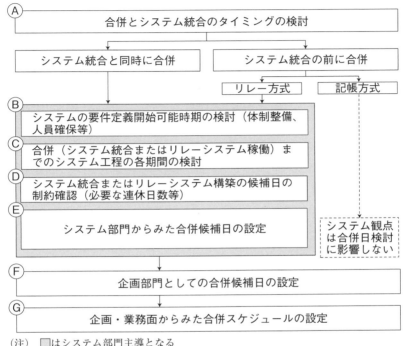

（注）　□はシステム部門主導となる

G) 企画・業務面からみた合併スケジュールの設定

〈企画部門主導の検討〉……上記F)において、合併時期を決めたら、そこ
から逆線表の考え方で、必要なマイルストーンや各タスクの実施期間を
設定する。

以上のようなステップをふまえて作成した合併スケジュールの必要期間を
考えると、合併とシステム統合を同時に実施する場合には 2 〜 3 年（図表 4
−17）、合併後にシステム統合を実施する場合には 3 〜 4 年（図表 4 −18）が
おおよその目安になるといえる。

図表 4 −17　合併とシステム統合を同時に実施する場合のスケジュール例

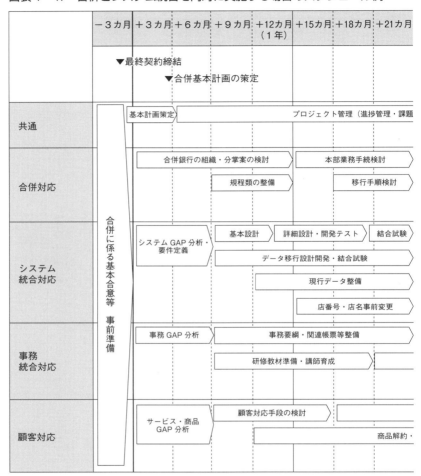

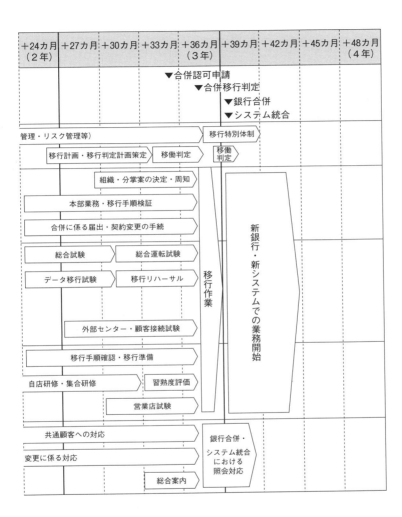

+24カ月 （2年）	+27カ月	+30カ月	+33カ月	+36カ月 （3年）	+39カ月	+42カ月	+45カ月	+48カ月 （4年）

▼合併認可申請
▼合併移行判定
▼銀行合併
▼システム統合

管理・リスク管理等）　移行特別体制

移行計画・移行判定計画策定　移働判定　移働判定

組織・分掌案の決定・周知

本部業務・移行手順検証

合併に係る届出・契約変更の手続

総合試験　総合運転試験

データ移行試験　移行リハーサル

移行作業

新銀行・新システムでの業務開始

外部センター・顧客接続試験

移行手順確認・移行準備

自店研修・集合研修　習熟度評価

営業店試験

共通顧客への対応

変更に係る対応

銀行合併・システム統合における照会対応

総合案内

図表 4 –18 　合併後にシステム統合を実施する場合のスケジュール例

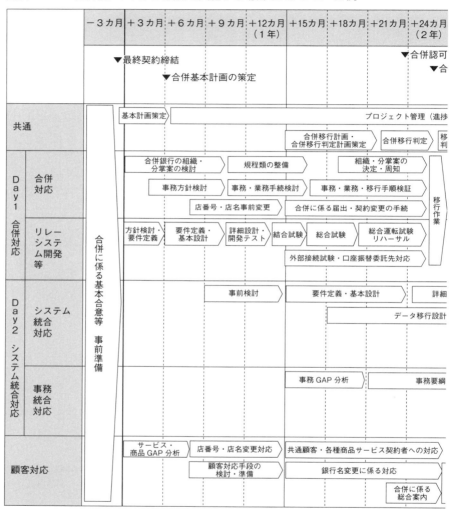

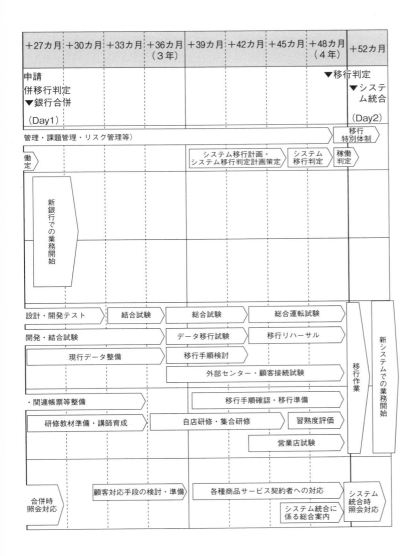

＋27カ月	＋30カ月	＋33カ月	＋36カ月 （3年）	＋39カ月	＋42カ月	＋45カ月	＋48カ月 （4年）	＋52カ月

申請
併移行判定
▼銀行合併
（Day1）

▼移行判定
▼システム統合
（Day2）

管理・課題管理・リスク管理等）

移行特別体制

働定

システム移行計画・システム移行判定計画策定

システム移行判定

稼働判定

新銀行での業務開始

設計・開発テスト

結合試験

総合試験

総合運転試験

新システムでの業務開始

開発・結合試験

データ移行試験

移行リハーサル

現行データ整備

移行手順検討

外部センター・顧客接続試験

移行作業

・関連帳票等整備

移行手順確認・移行準備

研修教材準備・講師育成

自店研修・集合研修

習熟度評価

営業店試験

合併時照会対応

顧客対応手段の検討・準備

各種商品サービス契約者への対応

システム統合時照会対応

システム統合に係る総合案内

図表 4 −19　合併プロジェクト体制

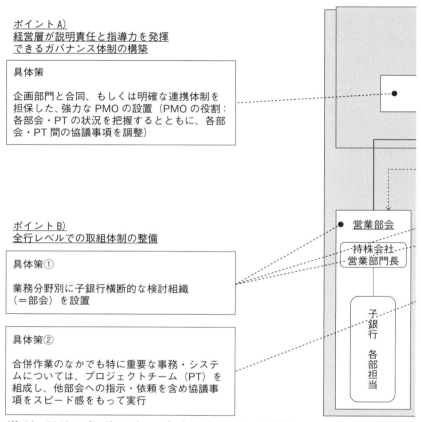

ポイント A)
経営層が説明責任と指導力を発揮
できるガバナンス体制の構築

具体策

企画部門と合同、もしくは明確な連携体制を
担保した、強力な PMO の設置（PMO の役割：
各部会・PT の状況を把握するとともに、各部
会・PT 間の協議事項を調整）

ポイント B)
全行レベルでの取組体制の整備

具体策①

業務分野別に子銀行横断的な検討組織
（＝部会）を設置

具体策②

合併作業のなかでも特に重要な事務・システ
ムについては、プロジェクトチーム（PT）を
組成し、他部会への指示・依頼を含め協議事
項をスピード感をもって実行

営業部会
持株会社
営業部門長
子
銀
行
　
各
部
担
当

（注1）　PMO…プロジェクト・マネジメント・オフィスの略。
（注2）　PT…プロジェクトチームの略。

⑷　合併プロジェクト体制

①　合併におけるプロジェクト体制構築の合理的な考え方と留意点

　プロジェクト体制を検討する際は、合併準備を円滑かつ適切に進めていく
ために適切なガバナンス体制の構築、強力なPMOの設置、全行レベルでの
取組体制の整備等が重要となる。特にA)経営層が説明責任と指導力を発揮で

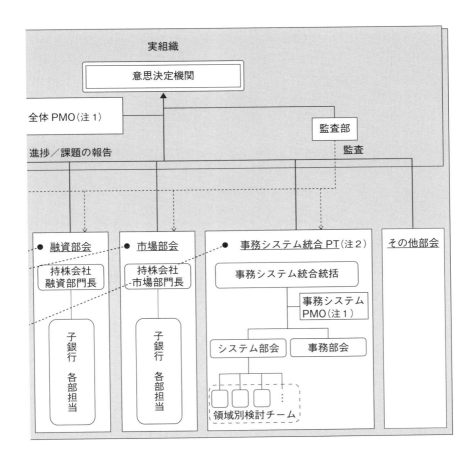

きるガバナンス体制の構築、B)全行レベルでの取組体制の整備、の2点に留
意した体制検討がポイントになる（図表4-19）。

② **持株会社下における合併プロジェクト体制構築上の留意点**

　持株会社下における合併プロジェクト体制構築の検討には、「持株会社と
子銀行との基本的関係」を定めたうえで、パターンごとに個別論点を詰めて
いく必要がある（図表4-20）。

図表 4 −20　持株会社下における合併プロジェクト体制構築パターンと留意点

	主な論点	検討概要	パターン 1	パターン 2	パターン 3
前提	持株会社と子銀行の基本的関係	運営を持株会社主導（企画）とするか、子銀行主導とするか	完全持株会社主導	一部持株会社主導	子銀行主導
個別論点	(1)プロジェクト体制	・上記「前提」に則した運営体制 ・持株会社と子銀行が実質的に協議する「場」	・FGおよび両行トップが協議する場を設置 ・持株会社に全体PMOを担う組織をFG内組織として組成	・協議体制として、持株会社に子銀行を含めた協議機関を設置	・各行体制を維持、FGとの協議機関は設けず、報告のみ行う
個別論点	(2)会議体	・経営層が協議する会議体の設計 ・PMO機能を担う事務局の会議設計	・正式会議への付議前に実質的な協議 ・PMOも週次定例を行い遅延・課題を早期発見	・正式会議への付議前に持株会社に子銀行を含めた協議機関にて協議 ・PMOも週次定例を行い遅延・課題を早期発見	・FGと子銀行間で協議する会議を開催しない
個別論点	(3)決裁プロセス ①経営会議以上の決裁レベル	・持株会社と子銀行のどちらで先行協議するか	・FGでの事前協議	・決議内容によってFG・子銀行の順序を都度協議	・子銀行から協議

		同上	・FGでの事前協議	・FG決裁を要するものはFG事前協議 ・決議内容によっては子銀行決裁も可	・子銀行から協議
	②担当役員・部長決裁レベル				

③　プロジェクト体制とプロジェクト推進力の関係

　合併準備は、経営層で共通理解があっても、個別協議をする現場では課題・調整事項が数多く発生する。したがって、課題を早期発見し適切に調整を行い、プロジェクトを前進させるためには、「持株会社主導」「PMO機能の発揮」「外部リソースの有効活用」が体制面の工夫として有効となる。

コラム③　　『プロジェクト体制とプロジェクト拠点は早く決めよう』

　「組織」については、合併後の部門構成や指揮命令系統を統一化されたかたちで定義しなければならない。細かい点では、会議に議題としてあげるための手続や、社内決裁を得るための段取りなどもそれぞれの企業文化が反映されるため、実は結構多くの差異が存在している。システム統合プロジェクトを進めるうえではさまざまな場面で個々の意思決定を行っていく必要があるため、まずはプロジェクトのなかだけでも組織の統合を進め、プロジェクトにおける意思決定ルールを早期に確立しておくことが重要である。組織を統合するという観点からは、プロジェクト開始時点（＝合併前の時点）において、まずプロジェクトに参加するメンバーを中心に一体化した組織を組成するとよいと考えられるが、実務面を考慮するとさまざまな問題が発生する。まず、合併前の組織構成ではそれぞれが別々の法人であり、人事体系や給与体系、就業規則等が異なるため、急にこれらすべてのルールを統一することはむずかしく、「とりあえず現状のままで」双方からメンバーを出してプロジェクト活動を開始することになるだろう。各担当者は自身が所属している部が異なり（＝部長が別々に存在）、執務場所も各銀行のなかにそれぞれ設置

した状態でプロジェクト活動を進めることになるため、開始当初は打合せの
たびにどちらかの拠点へ移動し、会話することから始める。最初の検討段階
ではこの形式でも進めることはできるが、システム統合方針が固まり、具体
的な要件定義を進める段階になると打合せのたびに移動を繰り返すのは時間
のロスが大きい。プロジェクト作業は一刻を争う活動になるため、できれば
本格的にプロジェクト活動が始まる前に、両行のプロジェクトメンバーが集
まる場所を確保し、一体化されたプロジェクト体制を組成しておきたい。「一
体化されたプロジェクト」の活動拠点は、どちらの銀行でもかまわない。ま
たは両行に属さない新たな場所を借りるという手もある。いずれにしても、
同じ場所で作業することが、プロジェクト活動の効果を最大限に発揮させる
有効な手段であることは知っておいていただきたい。

(5) プロジェクト予算管理の考え方

　合併プロジェクトに関する予算管理は、合併に伴う費用項目を列挙すると
ともに、金額影響が大きく、金額の妥当性の判断に専門性を有する「システ
ム関連費用」をシステム部門が管理し、それ以外の合併関連費用とともに、
統合に関する総費用と関連シナジー総額等を企画部門が直接管理することが
多い。

　主な費用項目として列挙されるものとしては、合併対応費用として設立費
用や弁護士等専門家への各種委託費用から始まり、店舗や看板対応費用、総
務関連費用と位置づけられる名刺・印鑑、制服・行章等、広報費用として
ホームページやポスター、テレビ・新聞広告等、組織移転費用（引っ越し、
レイアウト変更費用等）がある。これ以外に、①システム対応費用（勘定系・
サブシステム、ATM・端末、インフラ等の対応費用）、②事務対応費用（帳票、
通帳、手形・小切手等の切替費用等）、③顧客対応費用（顧客向けダイレクトメー
ルや個別通知費用、コールセンター委託費用等）の３大費用が加わる。過去に
合併を経験した地域金融機関のIR資料等によれば、100億円を大きく超える
統合費用を負担している。

このように多額の統合費用であるがゆえに、プロジェクトの推進とあわせて厳密な管理が必要になるのは自明だが、金融機関同士で概算予算の扱い、予算確保、費用把握方法や把握可能粒度等異なることも多い。したがって、合併プロジェクトにおいては、予算管理の枠組みを「あらためて」関係者間で決め、管理を行っていく必要がある。主に管理ルールとして定める事柄は、次の3点。

① 予算管理対象範囲と区分

② 予算承認・予算管理のルール（申請、承認、変更承認等の手続、見積依頼・取得時のルール、費用精緻化タイミング等）

③ 執行管理ルール（申請、承認、契約、支出等の手続、合併対象行ごとの負担割合ルール等）

　特に論点になるのは「合併対象行ごとの負担割合ルール」。決まった方法はなく、対等の精神のもとの統合という考え方に基づき完全折半から総資産比率による負担割合設定等、対象行で交渉を行い一定のルールを定めることになる。

　加えて、合併プロジェクトにおいて発生する支出は、個別行としての支出や合併対象行共通の目的で発生する費用などがあり、次のとおり分類して整理することがある。

A) 各行の施策に基づき個別行として負担・出費するもの

B) 合併関連費用で各行が単独で負担するもの

C) 合併関連費用で各行が案件ごとに定めた負担割合に応じて負担するもの

　予算管理の考え方からすると、A) を「個別行費用（予算）」として各行で処理し、B)、C) を「統合関係費用（予算）」として、区分管理することが多い。

(6) プロジェクト管理の考え方

　プロジェクト管理領域は、①進捗管理、②課題管理、③コミュニケーション管理、④リスク管理、⑤品質管理、⑥変更管理、⑦セキュリティ管理、⑧

外部委託先管理、⑨危機管理、⑩予算管理の10の区分で整理することができる。

① 進捗管理……設定された実行タスクの進捗状況について、所定の基準日ごとに取りまとめて途上確認を行い、後々のタスク遅延の未然防止を図る。

② 課題管理……タスク遂行の阻害要因を検知すれば管理対象としてあげ、解消までモニタリングを行う。

③ コミュニケーション管理……プロジェクトにおける重要な会議体を設計し、開催サイクル、参加者等を定義する。また、合併プロジェクトに必要なその他のコミュニケーションの実施内容を定め、行内での情報共有や行外への情報発信にあたり、その予実を把握して、認識やタイミングの齟齬によるトラブルの未然防止を図る。

④ リスク管理……合併対応および事務システム統合に伴うリスクの顕在化をコントロールし、顧客や両行への影響を抑制する。

⑤ 品質管理……システム統合リスクの顕在化を招かないよう、成果物に対する品質を担保する。

⑥ 変更管理……認識共有ずみの決定事項が無闇に変更された結果、全体の整合性に対して齟齬をきたすことを抑制する。

⑦ セキュリティ管理……行内、行外を問わず、本プロジェクトの関連情報を関知する権限をもたない者への情報漏洩を防止する。

⑧ 外部委託先管理……ベンダーや協力会社との意思疎通を緊密にし、契約不履行や認識齟齬等のトラブル事象の未然防止を図る。

⑨ 危機管理……不測の事態の発生に対して、一定レベルでの業務継続ができるよう、対応計画を策定し事前に訓練を行う。

⑩ 予算管理……プロジェクトの関連費用が肥大化しないよう、予実管理を徹底するとともに、変更時の手続を定める。

プロジェクト開始までに、①進捗管理、②課題管理、③コミュニケーション管理、④リスク管理を整備することが必須である。また、効率的に管理

ルールを整備するため、持株会社や銀行の既存管理規程等をうまく活用することが有効となる。特に、⑦セキュリティ管理、⑧外部委託先管理等は活用できることが多い。

　これらの合併のプロジェクト管理は、進捗管理だけでなく、遅延発生時の根本原因を特定し迅速に対応する課題管理、課題を事前に予測し対応策を講じるリスク管理にもあわせて取り組むことが重要となる。したがって、タスク進捗、課題、リスクをそれぞれ「見える化」することが、安定したプロジェクト管理につながる（図表4-21）。

　なお、以上のような計画の策定検討にあたっては、その妥当性を確認する手段の1つとして、「システム統合リスク管理態勢に関する考え方・着眼点（詳細編）」を活用することが有効となる。筆者が、当初の計画段階で特に留意する事項としては、的確なシステム統合リスク認識に基づく、経営陣主導による管理態勢の整備や統合方針の確立の観点であり、まずはこの点がうまく開始できるとプロジェクトとしては上々のスタートと評価できる。

② 組織・業務の統合対応

　金融機関に限らず、法人同士の合併を行う際に避けては通れないのが「組織」と「業務」の統合対応である。特に、地域金融機関同士の合併においては、当事者間の「組織」と「業務」が似通っているために、合併対応の難易度を見誤りがちであり、注意が必要である。まず、「組織」の合併からみてみたい。地域金融機関の「組織」は一般的に図表4-22のように構成されていることが多い。

　組織の合併対応を考える際に注意しなければならないのは、各部門における業務所管範囲の違いが存在することである。営業部門や審査部門については、おそらくどの金融機関においても業務所管範囲に大きな違いはないが、経営企画部門やリスク管理部門などでは、もともと業務所管範囲が広いために金融機関によって範囲が異なる場合がある。たとえば、システム企画に関

図表4−21　進捗管理と課題管理とリスク管理の関係

進捗管理

✓タスクの成果物、担当者、期限を明確化
✓遅延や期限延長の管理

進捗管理から課題の抽出
進捗管理で発生する遅延
等の問題を分析し、それ
が発生するに至った原因
および解決すべき内容を
明らかにする

課題管理からタスクの抽出
「課題」の解決策を導き、
解決策に対して誰がいつま
でに何をやるのかを決定し
た後は、タスクとして進捗
を管理

課題管理

リスク管理

リスク管理から課題の抽出
リスクが顕在化した場合、課題と
して起案し、対応策を検討する

✓プロジェクト推進上の課題の起案
✓課題の担当者、対応方針を定め、
　課題解決までを管理

✓プロジェクトに潜在するリスクを
　洗い出し、予防策、軽減策を検討
✓リスクが発現しないかどうか監視

参考：リスクの分類（例）
〈合併プロジェクトのリスク〉➡ プロジェクトにて管理

主なリスク	リスク要因（例）
システムリスク	システムの品質不良、開発遅延、移行データ不備
事務リスク	統合された事務の習熟不足、お客様対応の不備
法務リスク	法令違反、契約違反
人的リスク	過重労働等の労務問題の発生、現場の負荷増大によるモチベーション低下

〈合併行におけるリスク〉⇨ 上記とあわせて適宜配慮

主なリスク	リスク要因（例）
信用リスク	合併によるクレジットポートフォリオの変化 合併行の戦略に基づくクレジットポートフォリオの変化
市場リスク	合併行の戦略に基づく市場リスクテイクの規模、ポートフォリオ構成の変化
流動性リスク	合併による資産・負債構造の変化
オペレーショナルリスク	合併に伴う組織、業務プロセスの変更に伴う、リスク・プロファイルの変化

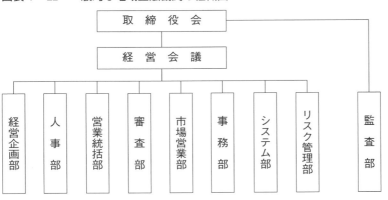

図表4－22　一般的な地域金融機関の組織図

```
              取　締　役　会 ─────────────────┐
                    │                          │
              経　営　会　議                    │
    ┌────┬────┬────┬────┬────┬────┬────┬────┐     │
  経営    人事   営業   審査   市場   事務  システム リスク   監査
  企画    部    統括   部    営業   部    ム部   管理   部
  部          部          部          部
```

する業務所管を経営企画部門にもたせる場合とシステム部門にもたせる場合
がある。また、リスク管理については、市場リスク管理、信用リスク管理、
オペレーショナルリスク管理のそれぞれにおいて特殊な専門知識を必要とす
ることから管理組織を分けている場合と、そもそも経営企画部門のなかに包
含している場合とがある。事務部門とシステム部門についても、人員不足等
の理由から同一の組織にしている事例も多い。いずれの場合も、組織に関す
る合併対応を検討する際には、部門名称で判断せずに実務面で判断する必要
がある。

　本件は、頭では理解できるものの、合併前の両金融機関で慣れ親しんだ業
務所管範囲のイメージはなかなか払拭できるものではなく、合併当日を迎え
てその日から変更、とはなかなかできるものではない。異なる組織の合併を
スムーズに進めるためには、合併前の状態において、各々の金融機関側で合
併後の組織構成と業務所管範囲にあわせて、自組織を事前に変更しておき、
十分な時間をかけて社員一人ひとりの頭と体を慣らしておくことが有効であ
る。実際の事例等をみると、合併日の1年程度前には合併後の状態にあわせ
た組織変更を完了させておきたい。

　次に「業務」の合併対応であるが、「業務」の場合はさらに細かい点に着

目して両組織間の差を確認する必要がある。同じ業務であっても使用する帳票や作成する資料等が異なるためである。合併後の統一された業務内容については、後述するシステム対応の基礎となる部分であるため、なるべくプロジェクト計画上の早い段階で進めておきたい。銀行業務の大部分はすでにシステム化が進んでおり、業務システムへの入力（直接打鍵や他システムからのデータ連携）と業務システムからの出力（各種還元帳票、各種分析結果等）とで構成されているため、現行システムへの入出力をもれなく洗い出し、両組織で突合することで差異を発見することができる。

　ただし、ここで注意してもらいたいことは「同音異義語」（同じ名称だが、内容が異なる項目）の存在である。突合した帳票のなかで同じ名称の項目があると、一見同じ情報が出力されているかのように考えるが、実際にはそれぞれの業務システム内の処理ロジックを詳細に確認する必要がある。場合によっては、項目名称が同じであっても処理内容が異なっているため異なる情報が出力されていることがあるからだ。このような事象を早く発見するために、合併後の業務内容を検討する際には、業務有識者だけでなく現行システムの処理内容を熟知するシステム担当者（行員およびベンダー側担当者）もメンバーに加えたかたちで検討チームを立ち上げることが有効である。プロジェクトを組成する際に、既存の組織構成を意識して部ごとに縦割りの組織にしてしまうと、システム部門の有識者を業務検討メンバーとして取り込むことがむずかしくなるため、プロジェクト組織は部門横断組織として定義しておきたい。このためにも、プロジェクト組織は既存の部の下に属する組織ではなく、たとえば図表4−23のように機能別に構成された新たな組織として構成するほうが有効となる場合が多い。

　また、参考までに合併に伴う人事統合についても簡単に触れる。人事は他の事業会社と同様、非常にセンシティブでかつ重要な対応である。専門的な諸制度に対応する問題も多く、過去に銀行合併に取り組んだ例をみても、人事領域のみに特化したコンサルティング会社の支援を受けながら統合対応を図っていた例が多い。そのような専門性の高い人事対応の詳細は他の専門書

図表 4 −23 プロジェクト体制例

〈プロジェクト全体イメージ〉

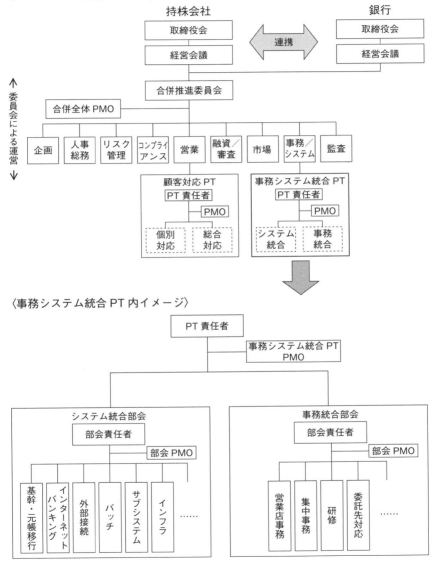

〈事務システム統合 PT 内イメージ〉

等に譲るが、本書ではシステム統合対応や事務統合対応との関係に着目して説明する。

　人事統合では、後述するシステム統合対応を除けば、主に「人事制度（人事・年金・就業条件等）の統合」「育成・研修制度の統合」「採用の統合」などの対応を図っていくことになる。そもそも新たな人事制度を決めること自体が、合併においては大変むずかしく、給与条件1つをとっても統合協議のなかで役員を含めた討議を多数重ねていくことが珍しくない。可能ならば合併直前まで慎重かつ十分な協議を重ねることができればよいのだろうが、人事統合の検討では、統合により人事的な影響を受ける全役職員に対して丁寧な事前説明の期間を設けることやシステム統合や事務統合の作業などのタスクの前提条件等に留意した段取り（＝スケジュール設定）を組むことが重要になる。たとえば、人事制度（人事・年金・就業条件等）の統合は、システム統合との関係では人事マスター登録の前提条件に該当するため少なくともシステム試験が本格化するまで（通常、システム統合の1年以上前）に、事務統合の関係では、合併後の事務規程や決裁権限、事務マニュアルの作成の前提条件に該当し、それらの規定類を整備するまで（通常、事務統合の1年から1年半以上前）には、仮決定する必要がある。また、採用の観点においても、約1年半以上の期間をかけて行う新卒採用など、その途中に合併タイミングがくる場合には、採用方針（採用条件、人数、採用後の教育方法等）を早期に決め、合併する前提で準備を進めることになる。もちろん、合併後の処遇を丁寧に説明する期間も、十分に確保する必要があり、一般的には合併の1年以上前には説明を開始することが多い。

　このように、人事統合では、あらゆる検討を極力前倒しで進め、他の合併対応作業の足を引っ張らないことに留意した対応が必要といえる。

　金融機関は営業店および本部各部にそれぞれユニークな番号が割り当てられている。これを「店番」と呼ぶ。金融機関が合併する際には、組織対応の事前準備として、合併前に両金融機関で重複する店番および店名を重複しない内容に変更しておく必要がある。これを「店番・店名変更」という。店番および店名に重複が許されないのは、金融機関間で振込み等の資金移動を行う際に、店番および店名をキー情報として金融機関双方で授受するためである。システム技術者からすれば、店番も店名も単なるデータベース上に保存された「情報」ととらえれば、単に別の情報に更新するだけのことであり、それほど難易度の高い対応だとは感じないかもしれない。しかしながら、特に地域金融機関で現在使用されている勘定系システムは「第3次オンライン」と呼ばれる1980年代後半から1990年代にかけて構築された巨大なオンラインシステムを原型としているため、店番および店名が勘定元帳を構成する重要なキー情報としてデータベースが構成されていることから、単純な更新処理では対応できないのである。これは、システムを導入する前の時代には、元帳を手作業で店単位につくっていたことに由来している。当時手作業での管理であった店単位の元帳を、そのままコンピュータ上に移し、業務処理を自動化していった。このため、現在でも勘定系システムに保存されている元帳情報は店単位に区分されているのである。こうなると、店番および店名を変更するということは、元帳情報を新たにつくり直すことと等しくなるが、過去の取引履歴等はそのまま引き継がないといけないため、単なる新規作成というわけにもいかない。現在各金融機関で使用されている勘定系システムには、「取引店変更」と呼ばれる機能が実装されており、顧客の申出（自宅の引っ越し等による取引店変更希望）により、既存の口座を別の店に引っ越しさせることが可能であるが、処理が複雑であるため一度に大量の処理を行うことはできない。したがって、「店番・店名変更」はある程度時間をかけて取り組んでいく対応となる。

　なお、当対応はシステム面だけでなく、該当店でお取引のある既存のお客様への通知と対応が必要であることから、混乱を招かないようにするためにも十分な時間をかけて対応していくことが必要である。通常、地域金融機関同士が合併する際には、相応の数の店番・店名変更が発生するため、最低でも1年以上の対応期間が必要になると考えておいたほうがよい。また、当対応は、後述する総合試験工程の開始前までに完了させておく必要があり、プロジェクト開始当初から真っ先に取り組んでおかないと時間が足りなくなる

おそれがあるため注意が必要である。プロジェクト計画を策定する際に、マスタースケジュール上でその実現可能性を十分に議論しておきたい。

　なお、数少ない事例ではあるが、最新のシステムを導入している金融機関では、店に縛られない「全店CIF」と呼ばれる機能を実装している。当機能があれば、店番および店名はキー情報ではなく、属性情報として比較的簡単に更新することが可能となるはずである。しかしながら、この便利に思える「全店CIF」機能も、もともとの勘定系システムのデータベース構造を変更することなく、いわゆる「後付け」で追加した機能である場合は、やはりデータベース構造上の問題は解決されていないため、同様の課題を抱えることになるので注意しなければならない。

 ## 3　商品・サービスの統合対応

　同じ銀行業務を営む金融機関同士の合併において、取り扱っている商品やサービスにはそれほど大きな違いはみられないかもしれない。預金商品や融資商品における商品性の違いは、適用金利や手数料体系の相違、および入出金チャネルや返済に関するバリエーション等に現れる。しかしながら、金利面でいえば日本の金利はバブル景気崩壊から一貫して下落傾向が続き、1999年のゼロ金利政策、2000年代のITバブル崩壊、2008年のリーマンショックを経て、2016年にマイナス金利政策が導入されたことで超低金利の時代となった。金融庁も統合・合併で生まれる地域金融機関の貸出金利を監視する方針を打ち出している。こうなると、もはや金利に関しては金融機関でそれほど大きな差はみられない。手数料体系に関しては金融機関ごとに相違がみられるが、手数料はそもそも自金融機関の都合で設定しているものであるため、合併を機に比較的容易にあわせることが可能である。

　このようにみれば、商品やサービスの統合に関する対応はそれほど難易度の高い作業とは思われないかもしれない。しかしながら、システムの内部処理に目を向け、業務処理方式や処理順序等の細かい点でみれば非常に多くの違いが発見され、それらを個別に検討することになるが、この検討項目が非

常に多岐にわたる。商品・サービスの統合対応においては、これらすべての
検討項目について網羅的に対応しなければならない。

　商品・サービスの統合対応を検討するうえで非常に大事な観点が1つある。それは「合併後のシステム投資・経費の低減に関する目標に沿った検討がなされているか」である。システム統合プロジェクトにおいて商品・サービスの統合を検討する際には、営業部門を中心として検討チームを組成し、システム部門における対応可否等を確認しながら、統合後の商品・サービスを定義していくことになる。システム統合では、通常は合併する両金融機関で使用しているシステムのうち、どちらか一方のシステムを存続させ、元帳情報を存続するシステムへ移行することで片寄せする方式が一般的である。この際に、「合併後も既存の商品・サービスを提供し続ける」と定義したならば、存続するシステムにすべての既存商品・サービスを実装しなければならなくなる。システム統合において、このように既存商品・サービスを存続させるために追加開発することを「差分開発」と呼ぶが、この「差分開発」のボリュームがシステム統合の成否を大きく左右することになる。なぜならば、開発ボリュームが大きければ大きいほど、開発後のテスト工程にかける工数も多くなり、プロジェクト完遂に向けてより多くの資源（ヒト、モノ、カネ）が必要となるためである。一般的に、プロジェクトの難易度は、プロジェクトを遂行するために必要となる資源の量との相関関係がみられる（むずかしいプロジェクトほど、より多くの資源を必要とする）。

　金融機関の商品・サービスはそのほとんどがコンピュータにより自動化されたシステムとして提供されているものであり、システムの規模は実装されている商品・サービスの数に大きく依存している。当然ながら、取り扱っている商品・サービスが多ければ多いほどシステムの規模も大きくなり、統合後のメンテナンス費用も高止まりを続けることになってしまう。商品・サービスの統合について、統合案の作成を現場に委ねることはかまわないが、現場では既存のお客様への影響を過度に考えるあまり、「既存商品・サービスをあえて廃止する」という方向に検討することはむずかしく、結果として多

くの商品・サービスを残してしまうことになりかねない。統合案の作成まで
は現場で進めるとしても、その内容の決定に関しては決して現場任せにせ
ず、両金融機関の企画部門や第三者の意見も参考に、最終的には経営判断と
して決定すべき重要事項であることを忘れてはならない。

　なお、システム統合に関する要件定義が終わった時点で、合併後の商品・
サービスの統合案は完成しているはずである。廃止する商品・サービスのな
かには、既存のお客様に不利益となる対応が発生する可能性もあるため、商
品・サービスの統廃合に関する顧客対応は要件定義終了時点から早めに着手
し、十分な時間をかけて丁寧に対応していくことが肝要である。

④ 　銀行システムの統合対応

　金融機関の合併を進める際に、最も困難かつ多大な投資を必要とする取組
みが「システム統合」である。通常、金融機関のシステム統合には3〜5年
程度の期間を要し、多大な人的資源とコストを投入することになる。そこま
でしても、金融機関がシステム統合を実施する意義は、「金融機関にとって
システムは商品・サービスそのもの」という考えに基づいているためであ
る。合併時にシステムを統合せずに、異なるシステムを並行運用させる方式
は短期的には運用可能であるものの、商品改訂時には両方のシステムに別々
のメンテナンスが必要となり、両システムのランニングコストが日に日に増
加していくことは明らかである。したがって、金融機関の経営判断として
は、合併を決めたならばすみやかにシステム統合を進めていきたい、とな
る。あらためて、システム統合の目的と期待する効果をまとめておこう（図
表4−24）。

　以下では地方銀行（第二地方銀行も含む）のシステム統合プロジェクトを
事例として、システム統合を進める際の個々の取組内容について例示する。

図表4－24　システム統合の目的と期待する効果

システム統合の目的	期待する効果
新銀行の中期経営計画達成のために必要不可欠となる基幹系を中心としたシステムの最適化のため（重複しているシステムの統合・廃止）	・システム開発・保守費用低減 ・システム保守性維持によるシステム障害発生リスクの低減 ・システム部門の体制最適化 ・システム運用の煩雑化防止
正確性・効率性を確保可能とする事務実現のため	・事務規程・マニュアルの体系化 ・営業店からの問合せに対する回答品質の均一化 ・事務ミス発生リスクの低減
銀行合併後の効率的な業務運営を継続するため	・新銀行の体制・役割に応じた業務遂行 ・本部各部、営業店の体制最適化
お客様満足の維持・向上のため	・旧両行の営業店・システムに依存しないサービスの提供

（1）　システム統合の対象範囲

　一般に、銀行のシステムは大まかに図表4－25のように分類されたシステムを図表4－26のイメージのように相互に接続することで構成している。

図表4－25　銀行システムの分類と概要

システム分類	機能概要
勘定系システム	預金や融資など、銀行業務の根幹をなす各種元帳情報を保有し、すべての勘定処理を記録している。銀行においては、大型の汎用コンピュータ（メインフレーム）で実装されていることが多い。顧客情報、預金、融資、為替等の業務処理および勘定処理機能（資金決済機能）等銀行システムの中心的な役割を担う。勘定元帳データベースを保有し更新する。

情報系システム	勘定系システムに記録された情報を取り出し、加工して活用するためのシステム。さまざまな業務で活用するための各種帳票出力や、顧客宛ダイレクトメールを作成する機能などが代表的である。各システムで発生した取引実績に関連するデータや、予算、経費、人事等の銀行内部のデータ、また、銀行外からのデータなどを、経営情報・与信管理・計数管理といった目的に応じたデータベースに蓄積し、管理するシステムである。
チャネル系システム	営業店の行員がお客様との対面で応対する営業店システムと、お客様が直接操作できるダイレクトチャネルの各システム（ATM、インターネットバンキング、モバイルバンキング等）をいう。窓口事務および事務センターでの後方事務など各種の事務処理を遂行するための機能も含まれる。勘定元帳データベースは保有しない。
サブシステム	個別業務に特化したシステムの総称。全業務にわたる情報（勘定元帳等）は保有しないが、個別業務を遂行するために必要な情報はサブシステム内に保有している。融資稟議申請システムやリスク管理システム等が代表的である。勘定系システムと直接接続している事例は少なく、主に情報系システム経由での接続としている事例が多い。あるいは、特に他システムとの接続を行わず単独利用の形式も存在する。
国際系システム	外国為替業務とそれに伴う後方事務処理、海外拠点の事務処理と情報管理などの国際業務を支援するシステム。地方銀行の場合は国際系業務の規模に応じて、個別システムを導入しているケースもあれば、勘定系システムに統合されているケースもある。

　システム統合対応は両金融機関において利用している各システムについて、機能面の重複をなくす対応（＝どちらかに片寄せする）と、情報を一元化する対応（＝元帳を移行する）を行うことにより完了する。以降では、システム統合に関して必要となる以下の各対応について、実務面からみた、おさえるべきポイントを示していく。

図表 4 −26　銀行システムの構成イメージ

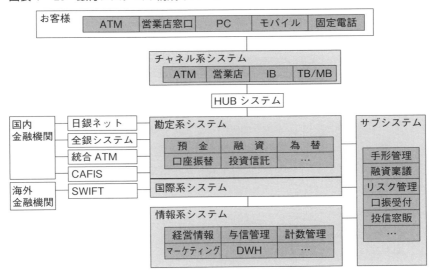

【システム統合に必要な対応】

・元帳移行

・勘定系システム対応※

・情報系システム対応

・チャネル系システム対応

・サブシステム対応

・システム移行

※　国際系システムの対応については、勘定系システムに含めて記載する

(2)　元帳移行

　システム統合を進めるうえで最も大事な対応は元帳移行である。元帳とは銀行業務の根幹をなす帳簿情報であり、コンピュータによるシステム化が導入される以前には紙に記録された情報として保管されていたものである。信用を第一とする銀行業界において、顧客との取引を記録している元帳情報が

たとえ一部だけでも失われるようなことがあってはならない。今般のシステム統合作業においては最も大事な作業であり、失敗の許されない作業であることを肝に銘じておかなければならない。

　統合前はそれぞれ別々のシステムのなかで記録されていた元帳情報であるが、統合後は統一された１つの元帳として扱われなければならない。通常、元帳情報は勘定系システムのなかに記録されているため、勘定系システムの統合方針が定まった時点で元帳に関する移行方針もほぼ定まった状態となる。合理的に考えれば、合併対象となる各金融機関で利用している現行の勘定系システムのうち、いずれか１つを合併後も存続するシステムとして決定し、そのシステムに他のシステムから元帳情報を移行することになる。この作業を「元帳移行」と呼ぶ。

　元帳移行を行う際には、最終的には１つのデータベースとして完成させなければならないため、現行それぞれのシステムで記録されている元帳情報について、各項目単位に同一の項目を紐づけ、コード値設定等を変換するための仕様を定義する。この作業を「元帳マッピング作業」等と呼ぶ。「元帳マッピング作業」がすべての項目に関して終了し、定義が完了したならば、その内容に準じた変換プログラムを作成し、元帳情報を抽出→変換→格納と処理することで、元帳移行作業は完了する。

　さて、この元帳マッピング作業において何がむずかしいかというと、「同音異義語」の存在である。前述の元帳マッピング作業を行ううえで、「同音異義語」すなわち「項目名が同じであるが、内容が異なる項目」が存在する場合、そのままマッピングすることができないので注意が必要である。たとえば「最終更新日」という項目があるとする。この「最終」というタイミングがいつの時点を指すものかが、システムによって異なる場合があるため、システムの処理内容をさかのぼって調べる必要がある。この際、マッピングを担当する技術者は、両システムの業務処理ロジックを詳細に調べ、当該項目が更新されるタイミングを洗い出し、どの時点を「最終」と定義しているのかを両システムで確定させなければならない。こうしてはじめて、「最終

更新日」という項目の意味が明らかとなり、正しくマッピングできたこととなる。

　元帳移行作業を成功させる秘訣は、プロジェクトの初期段階で両システムの業務処理内容に精通したシステムエンジニアをいかに多く確保できるかにかかっている。銀行の勘定系システムはそれ自体が古く、20〜30年程度使い続けているシステムも少なくない。システムは長く使えば使うほど、その内容に精通したシステムエンジニアが少なくなってしまうため注意が必要である。もし、現行システムに精通したシステムエンジニアを十分に確保できない場合は、人材育成に必要な期間を含めてプロジェクトを計画しておく必要があると考えておいたほうがよい。人材育成にどれくらいの期間が必要となるかを明示することはむずかしいが、プロジェクトの各工程において有識者不足による手戻り発生の可能性をリスクととらえ、リスクが顕在化した場合のバッファとして予備期間を確保しておくのがよいであろう。なお、当リスクを早期に認識し、対策を打つためにはプロジェクト開始当初の段階で銀行側・ベンダー側双方の体制をできるだけバイネームで記載し、適切な人材で埋まらないポジションの存在をできるだけ早い段階で明らかにすることである。対策の時間（＝人材捜索または人材育成の時間）さえ確保できれば、対策の選択肢は大きく広がることになる。

(3)　勘定系システム対応

　日本の銀行におけるコンピュータの利用はきわめて早く、1958年に三和銀行（現：三菱UFJ銀行）において導入された事例が最初とされている。日本の銀行システムは、その導入時期や実装された機能の違いによって呼び方が異なる。現在では、第3次オンラインと呼ばれる1980年代後半から1990年代前半にかけて導入されたオンラインシステムがその原型となっているものが数多く存在している。銀行が提供するすべての商品・サービスは、システムが対応していることが前提となっており、いまやシステムが商品・サービスそのものといっても過言ではない。そのため、特に勘定系システムは日に日

に複雑さを増し、いざ統合するとなると困難を極める事態となっている。勘定系システムの統合を成功に導くために必要なことは、当該システムに精通したエンジニアをいかに早く多く確保できるかにかかっているといえるだろう（図表4 −27）。

　第3次オンラインが開発された当時は、日本全国の銀行がそれぞれ独自のシステムを開発し、システムの機能の優劣を企業競争力としていた。しかしながら、現在の地方銀行業界では、勘定系システムを当時のように内製化している事例はもはや少なく、多くの地方銀行（第二地方銀行含む）は大手ITベンダーが提供するパッケージシステムを利用、もしくは同じく大手ITベンダーが運営する共同センターを利用している。特に共同センターを利用している場合、システム開発もシステム運用もともにベンダー側に任せてしまい、銀行側は提供されるシステムをサービスとして利用するのみ、となってしまうため、共同センターへ移行した後は自行内の現行システム有識者が年々減少していってしまうという問題を抱えることになる。一方、ベンダー側も共同センターを立ち上げた後しばらく経つと、大規模な開発等を行わなくなるため、システム全体を把握している熟練のエンジニアも年々減少していってしまう。こうなると、もうお手上げである。プロジェクトの成否は、人材確保に尽きるといってよい。

図表4 −27　銀行システムの変遷

第1次オンライン （1960年代後半 〜1970年代前半）	第2次オンライン （1970年代後半 〜1980年代前半）	第3次オンライン （1980年代後半 〜1990年代前半）	ポスト第3次オンライン （1990年代後半〜現在）
事務の効率化・合理化への対応		業務の多様化・業容拡大への対応	商品・サービス・顧客接点の多様化への対応 商品開発スピード・開発コスト低減

これから先、合併に伴うシステム統合を計画する際には、双方の現行システム有識者をどれだけ集められるかをまず確認することが重要となる。有識者の数は年々減少していく傾向にあるため、可能な限り人材確保に努めるとともに、不足分はプロジェクト活動を通して育成していくことも視野に入れておく必要がある。人材を育成しながらプロジェクトを進める場合には、相応の育成期間を必要とすることを意識しておかなければならない。マスタースケジュールを策定する際には、人材育成期間としてややバッファを設けた計画としておくことが安全である。

　また、合併する銀行がそれぞれ別の共同センターを利用している場合には、新たに別の観点での注意が必要となる。システム開発は一般的に要件定義から開始し、基本設計→詳細設計→開発→単体テスト→結合テスト→総合テストと各工程を進めていくが、ベンダーが異なると各工程で実施する作業範囲や深度が異なるため、ベンダー間でのミスコミュニケーションが発生しやすい。

　ベンダー側とすれば、すでに共同センターを利用している銀行側は自社の開発工程が意味する内容を把握していると考えるため、あらたまって自社の開発方法論を説明することは行わない。銀行側からすると、合併する両行が共同センターを利用している場合は、銀行側にシステムの有識者がほぼいない状態であることから、主要な作業をベンダー側に任せようということになる。結果として、ベンダー間の会話を中心にプロジェクトを進めていくと、ベンダー両社の開発方法論の違いに気づかないまま開発を進めてしまい、手戻りによる遅延発生や品質低下等を招いてしまうおそれがある。このような事例では、銀行側はシステム対応を委託する側として「委託者責任」があることを意識し、ベンダー両社の間に立ってコミュニケーションの媒介役となることに努めなければならない。ベンダー間のコミュニケーションを確実に行うためには、「言葉」で確認するのではなく「成果物」で確認することを徹底するとよい。同じ「インターフェース設計書」という成果物をつくるとしても、インターフェースファイル一覧をどの工程で作成するのか、項目定

義をどの成果物で記載するのか、項目編集ロジックは詳細設計なのかあるいはプログラム設計なのか、など、細かく確認していかなければならない。そのためには、完成させる成果物のイメージをあわせることが大事である。

　異なるベンダー間で成果物イメージをあわせるには、何か１つのテーマを取り上げて「サンプル」をつくってみるとよい。まずは目次から作成を始め、各コンテンツの記載レベルをサンプルで記載してみる。サンプル作成においては、どちらかのベンダーの開発手法を主としてもよいし、両社で協議しながら進めてもよい。大事なことは統一化されたイメージを完成させることである。会社が異なればその設計書に書く内容も微妙に異なる。プロジェクトの早い段階でベンダー間の開発方法論の差異を見つけ、成果物を基準として記載レベルを統一していくことが、ベンダー間のコミュニケーションを良好に保つ有効な手段となる。そのための時間を確保することを計画段階で予定しておきたい。

コラム⑤　　『魔法の言葉？現行どおり』

　現在はどの金融機関でも勘定系システムを導入し、ほぼすべての商品・サービスがコンピュータ処理によって提供されている。金融機関におけるシステムは「商品・サービスそのもの」といってもよい。そして一度導入したシステムは相応の年月が経過するとベンダーによる保守も期限を迎え、それ以上使用することができなくなるため、再構築が必要となる。システムの再構築には、一からつくり直すケースもあれば、他金融機関で使っているシステムをパッケージとして購入し、必要な部分だけカスタマイズを行うという場合もある。近年ではベンダーが提供する共同センターに加盟する方式も多い。いずれの場合でも、システムを再構築するからには、まずは要件定義から始めないといけない。

　さて、タイトルにある「魔法の言葉？現行どおり」であるが、すでに稼働しているシステムを再構築するプロジェクトでは、しばしば「現行どおり」「現行踏襲」という言葉で要件定義工程を短期間に終わらせるケースが少なくない。それもそうだろう。再構築するシステムが現行とまったく同じ仕様で

あれば、顧客に提供する商品・サービスは従来と同じ内容となるし、事務を担当する行員にとってもシステムの仕様が変わらないのであれば、新たな事務を覚えて習得する必要もない。要件定義も「○○については現行どおり」の一言ですむ。こんないい話はない。だが、この魔法の言葉により、うまくいかなくなるプロジェクトが非常に多いのだ。「現行どおり」という仕様でうまくいかなくなる理由はいくつかある。

- ・現行処理に関する既存の設計書の内容が古い
  （実際に動いている処理内容と違う）
- ・現行システムを開発した担当者が不在
  （現行処理内容の調べ方がわからない）
- ・現行プログラムが複雑なため誤った解釈をしてしまう
  （プログラムを追いきれていない）　など

　要件定義工程はシステム開発工程のなかでも最も重要であり、「何をつくるか」を決めるものであるために、当工程の成果物にあいまいさが残っていると、以後の設計作業において設計担当者の「解釈」が介在することになり、設計ミスを引き起こす可能性がある。また、要件定義が不十分であると、テスト工程においてテストケースを網羅的に正しく作成することができず、結果としてテスト不足等を引き起こしてしまう。要件定義においては、結果として現行システムと同じ仕様にする場合でも、しっかりと個々の要件を文書化して、「現行とは何なのか」を明確に定義しなければならない。やはり、システム開発プロセスに近道はないのである。

(4)　情報系システム対応

　銀行システムにおける情報系システムで扱う情報量は膨大であり、日々リアルタイムで更新が繰り返されている。情報系システムでは、情報を記録することよりも、記録された情報を活用することに主眼が置かれ、各種分析結果の出力や顧客宛送付物（融資の返済予定表など）を自動出力する機能をもっている。情報系システムの統合に関しては、そのデータ量が膨大であるため、極力データ量を絞り込むことがプロジェクト成功の秘訣であるが、これがなかなか容易ではない。それは、情報系システムがある意味「受け身的な」システムであることに起因している。

情報系システムは、システム自体が業務支援機能を有しているわけではなく、さまざまな情報を「溜め込む」ことに主眼が置かれ、蓄積された情報からどのような活用ができるかを２次的に考える、というプロセスで活用される。したがって、溜め込む時点ではどのようなデータが必要となるのかを特定することがむずかしく、「いったん全部」溜め込むことになってしまうのである。情報を溜め込む目的（＝後で活用する方法）があらかじめ定まっていれば対象データの選択も可能であるが、目的は後から増えていくことが多く、情報系システムはそのような「後からの要請」に応えていかなければいけないため、どのような要請があっても極力対応できるよう「あらかじめ準備しておく」という意味で「受け身的」にならざるをえないのである。

　このような事情を考慮しても、まずはシステム統合プロジェクトを成功させるためには、情報系システムに保有するデータは極力対象を減らしたい。そこで有効となる取組みが「還元帳票の廃止」である。既存の情報系システムから出力されるさまざまな還元帳票は、なかにはもうすでに誰も使っていない帳票も数多く存在しているが、いざ廃止するとなるとその影響が個々の担当者では判断できずに躊躇してしまう。そして検討に時間をかけていると、プロジェクトの工程が進むことにより期限が到来し、時間切れのようなかたちで結論を出さなくてはいけなくなる。その結果として、多くの還元帳票が、その利用目的もはっきりしないままに、継続的に出力される事態となってしまう。当然ながら、作成する帳票が多ければ、その分システム開発にかかる費用も多くなり、プロジェクト予算を逼迫することにつながる。情報系システムの統合を成功させるためには、プロジェクト活動として「還元帳票の数を従来の10分の１にする」等の思い切った目標を立て、その目標達成のために関連各部との協議を粘り強く進めていくことが大事である。

　また、情報系システムは、勘定系システムに比べて銀行システムにおける重要性の劣後から、対応が後手に回ることが多い。勘定系システムの品質は直接顧客に影響を与えるが、情報系システムはユーザーが行内中心であるためである。プロジェクト活動のなかで発生した開発の遅延をリカバリするた

めに、情報系システムの対応を一時的に遅らせてでも勘定系システムの対応に注力するという事例はしばしば発生する。このような判断は一時的には許容されるものであるが、情報系システムは顧客宛帳票出力機能等を保有していることも多く、システムの重要度を見誤らないようにしたい。少なくとも、総合テストが開始される段階においては、情報系システムの対応は完了し、テスト可能な状態となっている必要がある。

(5) チャネル系システム対応

　銀行システムにおける「チャネル」とは、システムと人との接点を意味する。人が操作するシステム（ハードウェア、ソフトウェアとも）はすべて「チャネル」と呼ばれ、銀行システムは実に多くの「チャネル」と接続している。端末でいえば、営業店で行員が利用する営業店端末に始まり、ATMやインターネットバンキングなど顧客が直接利用する「ダイレクトチャネル」と呼ばれる端末も含まれる。近年ではスマートフォンやタブレットの普及により、ダイレクトチャネルの利用頻度がますます高まるとともに、キャッシュレス決済の広がりから、その多様性も増してきている。

　チャネル系システムについては、多くの銀行システムにおいて、チャネル接続用の専用システムが導入され、勘定系システムと直接接続している事例は少ない。勘定系システムから切り離されていることにより、新たなチャネルが追加された場合でも勘定系に影響を与えずに追加接続可能となることが利点としてあげられる。

　ただし、チャネル系システムに関して本番移行時に何かトラブルが発生した場合、その影響範囲は非常に広範囲にわたり、被害は甚大なものとなるため、テストは網羅的に実施しなければならない。テスト環境ではすべてのチャネルを網羅するテスト環境を構築することは困難である場合が多く、代表的な端末でテストを行い、後は机上で処理内容を確認することで終えるケースも少なくない。事情を勘案すると、仕方ない部分もあるが、チャネルに関しては可能な限りテスト実施ができるよう、事前準備と環境手配を進め

ておくことが肝要である。

　なお、チャネル系システムに関しては、近年キャッシュレス接続など
FinTechの活用事例が増えてきていることに注意したい。キャッシュレスに
は、クレジットカード以外にも電子マネーやQRコード決済等、その多様性
が広がってきている。なかでも、QRコードを活用したキャッシュレス決済
は銀行の勘定系システムとデータをやりとりするためのインターフェースを
必要とするが、前述のとおり勘定系システムは20〜30年程度前に開発された
システム構成を踏襲している事例が多く、当時は現在のような多様なチャネ
ルの存在が想定されていなかったために、勘定系システム側の他システムと
の接続機能には限界がある。そのため、勘定系システムに直接接続するので
はなく、インターネットバンキング等のチャネル系システムを経由して接続
する方式などが採用されている。いわゆる「システムの数珠つなぎ」状態で
ある。この場合、銀行システムからみると新しいFinTech系のシステムは直
接勘定系システムとは接続しておらず、インターネットバンキングシステム
などの他システムを経由しているため、インターネットバンキングシステム
の先にどれだけの数のシステムが接続されているのか見落としてしまうおそ
れがある。「システムの先に別のシステムが接続されている」という状態を
見落とさないよう、銀行としてシステム全体を俯瞰した「システム全体構成
図」を作成しておき、常に最新状態にメンテナンスしておくことをルールと
して定めておくべきである。

(6)　サブシステム対応

　銀行における「サブシステム」と呼ばれる特定業務に特化した業務支援シ
ステムの数は非常に多い。少ない銀行でも50程度、多い銀行では200を超え
るサブシステムが活用されている。そのうちシステム部門で管理されている
システムは一部にとどまり、多くは業務所管部が直接管理しているものも多
い。通常のシステム開発であれば、サブシステム対応は担当ベンダーに任せ
ておけば大きな問題はないと考えられるが、いざシステム統合となると事情

は異なる。

　各サブシステムは、通常は勘定系システムや情報系システム等とデータを自動的に授受している。これを「システム間インターフェース」と呼ぶ。銀行では通常数多くのサブシステムが導入されていることから、システム間インターフェースも非常に複雑であり、システム統合の際には統合後に継続利用するサブシステムを決定したうえで、インターフェースを整理し再構築する必要が出てくる。これらの対応を、総合テストが開始されるまでの間に終えておかないと、システムを連動させたテストが実施できない。プロジェクト管理側からすれば、大量に存在しているサブシステムに対して、それぞれの対応を個別にスケジューリングし、その進捗管理を同時並行で行いつつ、総合テスト開始までにすべての対応を終わらせなければならない。プロジェクト管理の難易度からいえば、1つの大きなシステムの開発を管理するよりも、複数の小さなシステムの開発を同時管理することのほうがはるかにむずかしい。この意味で、プロジェクトにおけるサブシステム管理担当者には、より高度なプロジェクト管理スキルが求められる。当業務に関する難易度を見誤ることのないよう、担当者の人選を進めていくことが肝要である。

(7)　システム移行

　システム開発は新たなシステムを構築するのに対し、システム移行は新しいシステムへの引っ越し作業を意味する。データを移行し、インターフェースをつなぎ変え、新しいシステムが使用可能となった段階で移行は完了となる。システム開発が無事終了したとしても、システム移行作業になんらかのミスが発生すると、システムが正しく使える状態とならない。移行作業ミスの発生は、常に本番でのシステム障害と直結しているため、細心の注意を払って進めなければならない。

　本番への移行では、「まさか」と思う事態が発生する。たとえば、一般的にシステム移行作業は連休などを活用し、夜を徹して行われることが多いが、各作業の手順書をファイルサーバーにアクセスして参照しようとしたと

ころ、定期的な休日夜間処理としてファイルサーバーに再起動がかかり、手順書を参照できず一時的に移行作業を中断せざるをえなくなる、というような事態が発生することがある（これは実話である）。このような事態を本番移行時に発生させないよう、事前にリハーサルを複数回実施しておくこととし、うち最低1回は実際の作業時間にあわせた「実時刻リハーサル」を行っておくことが本番移行時の安心感につながる。リハーサルを計画する段階で、実時刻運用リハーサルが行われる予定があるかどうか、実施されない場合は実施しなくてよい理由をしっかりと確認し、安心感をもって本番移行に備えておきたい。

　なお、移行時に発生しがちな「トラブル」を以下にあげておく。同様の事例を引き起こさないよう、細心の注意を払って本番移行に臨んでいただきたい。

〈本番移行時に発生しがちなトラブル事例〉

◆作業ミス

・一連の処理を起動するための設定ファイルを本番用とテスト用で取り違えてしまい、予期せぬシステム障害が発生した

・日付の設定について、実日付で入力すべきところ、リハーサル時に使用した手順書（本番と日付が相違）をそのまま使用し、日付不正でシステムが異常終了した　　　　　　　　　　　　　　　　　　　　　　　等

◆ファイル取り違え

・移行リハーサル実施時に使用したファイル（本番用と同じファイル名）を誤って本番移行時に使用してしまい、不正な業務処理結果を引き起こしてしまった

・同じファイルを二重に取り込んでしまったため、明細が二重に作成された　　　　　　　　　　　　　　　　　　　　　　　　　　　　　等

◆時限認識相違

・システム間のファイル授受について、本番移行時は通常運用と異なる時間帯での受渡しとなるところ、設定変更を失念しファイル受信不可と

なった　　　　　　　　　　　　　　　　　　　　　　　　　　等
◆ベンダー間連携ミス
　・あるベンダーが引き起こしたミスの影響について、後続処理における影
　　響範囲に見誤りがあり、他ベンダー側の作業が実施不可となった
　・障害発生時の責任分解点があいまいなため、迅速な対応が行えず、移行
　　時限を超過してしまった　　　　　　　　　　　　　　　　　　　等
◆部門間連携ミス
　・配信停止となる既存帳票に関する認識が不徹底なため、本番移行後に業
　　務継続に支障が発生した　　　　　　　　　　　　　　　　　　　等

⑤　銀行事務の統合対応

　システムを統合すると、結果として事務も統一されることになる。システ
ムの統合作業は、データを移行し、インターフェースをつなぎ変えれば終了
であるが、事務は人が行う作業であるため、雇用形態にかかわらず当該業務
に従事する担当者全員が新しい事務に十分習熟する必要がある。ここに事務
移行のむずかしさがある。金融庁が公表している「システム統合リスク管理
態勢に関する考え方・着眼点（詳細編）」にも以下のように記載されている。

　【システム統合時に考慮すべき着眼点】より抜粋
　Ⅱ　協調したシステム統合リスク管理態勢のあり方
　　ⅱ　協調した事務リスク管理態勢のあり方
　　　7．営業部店における対応
　(1)　統合対象金融機関等の営業部店長等（以下、「営業部店長等」という。）
　　　は、統合後に事務の不慣れにより顧客サービスに混乱をきたすといったリ
　　　スクが存在することを認識し、担当者にリスク管理の重要性を認識させる
　　　など、統合プロジェクトに関する本部方針を周知徹底し、適切な方策を講
　　　じているか。
　(2)　営業部店長等は、統合後の事務の変更が事務量に与える影響について十
　　　分に認識しているか。また、それを踏まえた研修等を実施することにより、

店内体制の整備を適切に行っているか。さらに、事務量が増大する可能性
がある場合においては、本部に対し迅速に報告する等、適切な方策を講じ
ているか。
⑶　営業部店長等は、統合後の事務の習熟度合いについて、統合前の段階に
おいて定期的にチェックし、把握した問題点等に対し適切に対応している
か。

　事務の統合対応を進めるには、まずは統合されたシステムの機能を確認す
る必要がある。通常は現行で使用しているシステムのうち、いずれかを存続
システムとして選択する場合が多いため、システムの統合方針が固まった時
点で事務の統合対応を開始することができるようになる。統合後の事務を定
義するためには、①システムの機能および画面表示等の確認、②システムに
あわせた事務フローの組立て、③事務フローにあわせた事務取扱要領ならび
に各種マニュアルの整備、の３つの対応を同時並行的に進めていくこととな
る。この時点でシステムの仕様が完全に確定している状態であれば、事務統
合も問題なく進めていくことができるはずであるが、実際にはシステムの仕
様がプロジェクト中盤で変更になることも多い。また、テスト実施時点で仕
様と異なっていることが判明した場合に、システムの仕様を変更すると影響
が大きいためシステムに事務をあわせる、といったようなケースも多く、結
果として事務の仕様は適宜変更が発生していくことになる。常に事務とシス
テムは一体となって統合作業を進めていくことになるため、プロジェクト体
制を組成する場合はシステム担当と事務担当をなるべく分けず、同じフロア
の近くの席に配置するなどして、日常的にコミュニケーションがとりやすい
環境を構築しておくことが大事である。
　なお、事務統合においては、統合作業以外にも重要な取組みとして「研
修」と「移行またぎ対応」があげられる。研修については、その重要性をい
まあらためてここで語る必要はないであろうが、統合後の新しい事務に関す
る研修を進めるうえで有効な手段を示しておこう。プロジェクト活動は限ら
れた時間のなかで結果を出していく活動であるため、長い期間をかけて徐々

に仕上げていく取組みについては効果的に進めるための工夫を行う必要があり、研修もその1つといえる。新しい事務については、研修を受けることにより頭で理解することはできるようになる。しかし、いざ本番となった際に、窓口に来られたお客様を前にして新しい事務対応を滞りなく実施するためには、十分に時間をかけて練習を繰り返し、窓口担当者一人ひとりがしっかりと自信をもって応対できるようにしておかなければならない。そのためには、定められた研修受講だけでは不十分であり、毎日の空き時間等を利用して自主的な練習が行える環境を提供することが有効である。

　このような自店練習環境の構築は、システム提供ベンダーと事前に相談しておけばそれほどむずかしいことではないが、ここで問題になるのが「端末」である。地方銀行の場合、それほど広くない店も多く、追加の端末設置のためのスペース確保が容易でない場合が多い。自店で練習するためには自店内に（できれば自席に）現在使用している端末とは別に統合後のシステムで利用する新しい端末を追加設置する必要があるが、狭い店内に端末を追加設置できない場合、自店練習環境が整わないことになってしまう。このような場合に有効なのが、端末のデュアルブート化である。現行で利用している端末機種が統合後の勘定系システムにも接続可能な場合、ベンダーに依頼すれば現新どちらの勘定系システムにも接続可能となるよう端末設定を変更することが可能となる場合がある。デュアルブート化された端末は、電源を入れて端末を立ち上げる際に、現新どちらの勘定系システムと接続するか選択肢が表示され、ユーザーが選択したほうのシステムと接続される。この端末のデュアルブート化は、自店練習の環境確保の観点だけでなく、本番移行初日を想定したリハーサル実施時にも有効であり、本番移行時の端末切替えもスムーズに行える等、利点が多い。端末の設定を変更することに伴う追加費用は必要となるが、プロジェクト全体でみると効果の高い対応であるため、技術的に可能であればぜひ検討してみてはどうだろうか。

　もう1つ、「移行またぎ」の重要性についても触れておこう。「移行またぎ」という言葉は耳になじみがないと思われるが、「移行またぎ」とは移行

前後のみに行う特殊事務のことを指す。いわゆる一連の移行作業のなかに組み込まれる事務対応のことである。たとえば、月末等の区切りのよいタイミングで移行するのではなく、月中のタイミングで移行する場合、月中積数や月中平残のような統計数値については、なかには移行が困難となる項目が存在する場合がある（これらは統合後のシステムの仕様に依存する）。移行が困難となる項目が存在する場合は、移行前の数値を帳票等で紙に出力しておき、移行後の数値を別途取得したうえで手計算により合算する等の対応を行う必要がある。このような、普段行わない事務を移行前後においてのみ個別に実施する対応を総称して「移行またぎ」と呼ぶ。「移行またぎ」については、通常行わない事務であるためそもそも不慣れであるうえに、移行前後の特定のタイミングでしか行えない、かつその時に確実に行わないといけない対応であるため、各店側で確実に実施したかどうかを厳密に管理しておく必要がある。移行またぎを確実に実施するためには、あらかじめ移行またぎとして実施すべき作業を洗い出し、一覧表を作成したうえで実施した作業を記録していく等で確実に遂行されるよう管理していく。ここまでしなくても、という感想をもたれるかもしれないが、本番移行時にはさまざまな想定外の事象により混乱が生じることも多く、うっかり忘れる、といった事態も発生しう

図表 4 −28　端末のデュアルブート化イメージ

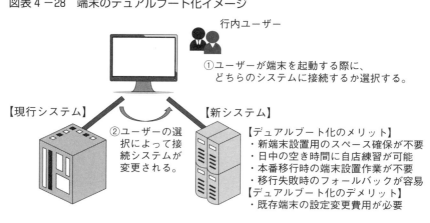

行内ユーザー

①ユーザーが端末を起動する際に、
　どちらのシステムに接続するか選択する。

【現行システム】

②ユーザーの選択によって接続システムが変更される。

【新システム】

【デュアルブート化のメリット】
・新端末設置用のスペース確保が不要
・日中の空き時間に自店練習が可能
・本番移行時の端末設置作業が不要
・移行失敗時のフォールバックが容易
【デュアルブート化のデメリット】
・既存端末の設定変更費用が必要

る。念には念を、の考え方が、システム移行を安全・確実に実行していく肝であることを、いま一度認識されたい。

6　合併・システム統合に伴う顧客対応

　合併・システム統合に伴う顧客対応は、金融庁が公表している「システム統合リスク管理態勢に関する考え方・着眼点（詳細編）」でも重要な項目として取り上げられている。

【システム統合時に考慮すべき着眼点】より抜粋
Ⅰ　経営陣のリスク管理に対する協調した取組み
　ⅰ　経営統合に係るリスク管理態勢のあり方
　　３．顧客対応の重要性に対する認識等
(1)　取締役会並びに統括役員及び部門は、経営統合を行うに当たり、顧客利便に十分に配慮することの重要性を認識しているか。特に、経営統合により既存の金融商品・サービス等に変更が生じる場合には、顧客に対する事前説明が重要であることを認識しているか。
(2)　取締役会並びに統括役員及び部門は、適切な顧客対応を行い得る、以下のような体制を、協調して整備しているか。
　①　広報体制
　②　顧客に対して適切な情報開示が行われる体制
　③　顧客からの問合せに対して適切に対応できる体制
(3)　取締役会並びに統括役員及び部門は、システム障害等の不測の事態が発生した場合、顧客に対する情報開示や顧客からの問合せに、迅速かつ正確に対応できる体制を整備しているか。

　システム統合を行う際には、①既存商品・サービスの廃止や変更に伴うお客様への連絡と対応、②合併に伴う各種お知らせやオンラインサービスの休止に関する告知、の大きく２種類の対応が必要となる。①の対応は、顧客や商品・サービスごとに異なる対応を行うことが大半で個別対応とも呼ぶ。これらはさらに一般顧客向けと法人のお得意先向けとに分けて対応を図ることが多い。一般顧客向け対応は、たとえば既存の貯蓄性預金商品の廃止を行う

図表 4 −29　移行またぎ管理票イメージ

管理番号	枝番	対応項目	方　針	所管部	対応部	営業店作業
<u>277</u>	15	<u>金銀下り集手自行引落C／Cデータ送信</u>	ベンダーが事務集中システム側で該当データの保存を行っておき、5／7に次期システム側に該当データをすべて送信して呈示日にC／Cが行えるようにする。	事務統括部	事務統括部	−
<u>144</u>	02	<u>定期預金の預金者別調査表</u>	【代要が可能な現行帳票名】なし→自由金利定期調査表特殊運用で対応する所管部への資料還元は5月末を想定	営業企画部	システム部	−
<u>201</u>	03	<u>利息利子税徴収簿</u>	【代用が可能な現行帳票名】預金利子税等預り金元帳／利子税納付表（国税納付用A・B）／利子税納付表（地方税納付用）特殊運用で対応する所管部への資料還元は5月末を想定	事務統括部	システム部	−
<u>331</u>	03	<u>でんさい利用手数料徴求方法について</u>	次期システム移行後は、5月分の利用者手数料（6／14引落し）からセンターカットとなるため、営業点での引落し作業は不要となる。	事務統括部	事務統括部	●
<u>042</u>	06	<u>バッチ「債券取引残高報告書」の作成</u>	年次処理で作成している「債券保護預り残高DM」を1〜4月分について、5月に作成する。4〜6月分の取引について、「債券取引残高報告書」を7月に作成する。	証券国際部	証券国際部	●

118

作業項目	担当者	開　始		終　了	
		予定	実践	予定	実践
〈移行後〉 【集中グループ】 支払期日に金銀下り自行引落し処理が行われていることを確認する。	××	5／14 09：00	5／14 09：00	5／14 12：00	本日 予定
5月中旬に枝番1で作成したCMFバッチマスタを入力として「定期ミニマスタ」作成 上記「定期ミニマスタ」を入力として、「自由金利定期調査表」を3種類作成 ①自由金利定期調査表（1,000万以上） ②自由金利定期調査表（300万以上1,000万未満） ③自由金利定期調査表（300万未満） ※上記作業はすべて作業依頼にて実施 ※本処理で作成した「定期ミニマスタ」は管理番号145の処理でも使用予定あり	××	5／14 10：00	5／14 10：00	5／14 16：00	本日 予定
【システム部】 ②5月中旬に①を入力に開発機で利子税バッチマスタを作成し、「預金利子税等預り金元帳」を作成する。また、5／2業後に作成した利子諸税明細累積ファイルを借用し、利子税納付表（国税納付用A・B）、利子税納付表（地方税）を作成する。	××	5／14 10：00	5／14 09：50	5／14 16：00	本日 予定
5／14利用手数料口座引落し明細票により、利用者決済口座から手数料を徴求し、手落しする。	××	5／14 09：00	5／14 09：00	5／14 17：00	営業店 作業
営業店は「営業店作業マニュアル」に基づき、発送不能分の処理を行い、6／21までに証券国際部に完了報告を行う。	××	5／15 09：00	営業店 作業	6／21 17：00	営業店 作業

ような事例が対象となる。対象顧客が多いため、事前に十分な時間を確保したうえで商品廃止のお知らせをダイレクトメールとして作成し、送付する。

　個別の問合せに応対するためのヘルプデスクの設置も必要となる。顧客の不利益とならないよう十分に配慮しながら、乗り換えていただく商品をご案内し、顧客を誘導していく対応を行う。一方、法人のお得意先向け対応はさらに踏み込んだ対応が必要となる。長年取引のあるお得意先については、たとえば総給振の持込みデータに個別項目が付加されているような事例が多く、システム統合時にも対応を余儀なくされる。従来のデータ形式を引き続き統合後のシステムでも扱うことができるよう対応していくためには、従来の持込みデータが統合後のシステムでも利用可能であることをテストで確認する必要がある。テスト実施にあたっては各お得意先への協力要請と個別の調整等が必要となってくるため、テストを担当するシステム部門だけでなく、お取引のある支店の担当者も巻き込んで対応していくことで、対応をスムーズに行うことができるようになる。

　システム統合プロジェクトは、このようにシステム担当だけで物事を進めずに、営業担当などを巻き込みつつ、全行一致体制で進めていくことが重要である。このためにも、プロジェクトを推進する部門は、事務システム部門ではなく、経営企画部門に設置することが望ましい。ちなみに前述の営業店の役職員研修やこれらの顧客対応の負荷の観点でみると、筆者の経験上、おおむね平常時の1.5〜1.8倍程度の負荷が断続的にかかってくることが多く見受けられる。結果として、特に渉外担当の営業活動の制約に大きくつながるため注意が必要である。

　一方、②の対応は、合併に伴う商品サービスの変更や手数料の変更やシステム統合対応に伴うオンラインサービスの休止等について、一定の条件に合致する顧客層に共通的なかたちでお知らせすることから、総合対応とも呼ぶことがある。特にオンラインサービスの休止については移行リハーサルや本番移行を実施するにあたり、現行システムを一時的に停止させることに伴う告知活動である。新聞やテレビCMを使い、十分に告知していかなければな

らない。

　システム統合に伴うオンラインサービスの停止は、「合併やシステム統合を予定どおり行う」という意思表示でもあり、銀行経営としての「意思決定」が必要であることから、移行判定（初回）を終えたタイミングから実施するのが一般的である。告知を開始することに伴い、一般顧客からの問合せが想定されるため、コールセンターで対応可能となるよう、事前に準備しておく必要がある。

 ## 7　移行リハーサル・移行対応

　システムが完成し、事務移行の準備が整うと、いよいよ本番移行が開始される。この時点でプロジェクト最大のイベントである「移行判定」が実施されることになる。移行判定は「すべての作業が完了し、本番移行が可能な状態になっていること」を判定項目に従ってチェックし、銀行の経営判断として実施する。したがって、移行判定は取締役会の決議をもって実施されなければならない。金融庁が公表している「システム統合リスク管理態勢に関する考え方・着眼点（詳細編）」にも以下のように記載されている。

【システム統合時に考慮すべき着眼点】より抜粋
Ⅰ　経営陣のリスク管理に対する協調した取組み
　ⅰ　経営統合に係るリスク管理態勢のあり方
　　8．統合プロジェクトの移行判定
(1)　取締役会は、業務の移行判定基準（システムの移行判定基準を含む。）を承認しているか。
(2)　統合後の業務運営体制（システムを含む。）へ移行するに当たっては、①統括役員及び部門が移行判定基準に従いその可否を判断し、②それを取締役会で承認した後に実行するなど、より慎重に判断することとしているか。

　移行判定に必要と考えられる判定項目を例示しておこう（図表4-30）。
　なお、判定項目を設定する際には、以下の点に注意する必要がある。

図表 4 −30 　移行判定項目例

分　類	区　分	項　目	判定内容
1．品　　質	1）テスト実施状況		
	2）テスト品質と不良の状況		
	3）仕様変更・課題の解消状況		
	4）リスクの状況		
	5）ユーザー部門評価		
2．性　　能	1）スループット・レスポンス		
	2）諸条件下での充足度		
	3）全体パフォーマンス評価		
3．環　　境	1）各種機器の準備状況		
	2）本番システム構成の確認		
4．運　　用	1）運用管理		
	2）通常運用		
	3）障害時運用		
5．セキュリティ	1）セキュリティの確保		
6．本番移行	1）開業手順の確立	プロジェクトの状況に応じて個別に設定	
	2）開業体制の確立		
	3）開業演習の実施状況		
	4）事前作業の完了		
	5）本番開業処理の準備状況		
	6）ユーザー部門の準備状況		
	7）割り切り事項・制約事項の明確化		
7．コンティンジェンシープラン	1）CP策定状況（システム）		
	2）CP訓練実施状況		
8．開業後の保守	1）開発文書／手続の整備		
	2）ライブラリー管理手順確立		
	3）保守テスト環境の整備		
	4）保守体制の確立		
9．第三者評価	1）監査指摘事項への対応		
	2）当局への対応		
	3）メーカーの評価への対応		

・必ず成果物と紐づけること

・可能な限り定量化された数値で達成基準を設定すること

122

要は、判定者の解釈が介在することなく、客観的に判断できるようにしておくということである。移行判定の実施にあたっては、1回の判定ですべての項目を判定するのは危険である。何か1つの項目でも基準未達成であれば、それはすなわち「本番移行不可」であることを意味するが、多大な経営資源を投入してきたプロジェクト活動を簡単に中止することはできない事情もある。大規模プロジェクトを計画どおりに完了させ、安全に移行していくためには、移行判定を複数回に分けて実施し、最終的な完了に向けて段階的に確認していくとよい。これまでの事例では、本番移行実施の1カ月前頃に移行判定基準日を設け、その移行判定基準日からさかのぼって2カ月前、および1カ月前の計2回のタイミングをそれぞれ「移行判定（1回目）」「移行判定（2回目）」として段階的に移行判定を実施していく事例が多い（図表4 −31）。

図表4 −31　移行判定イメージ

#	判定項目	判定結果		
		1回目	2回目	最　終
	・・・・・・	◎	◎	◎
	・・・・・・	◎	◎	◎
	・・・・・・ 1回目の判定時点で完了。後の判定では状況に変化がないことを確認していく。	◎	◎	◎
	・・・・・・	◎	◎	◎
	・・・・・・	◎	◎	◎
	・・・・・・	◎	◎	◎
	・・・・・・	◎	◎	◎
	・・・・・・ 判定結果○の項目は計画どおりに進捗しているので、引き続き状況を確認していく。	○	○	◎
	・・・・・・	○	○	◎
	・・・・・・	○	○	◎
	・・・・・・	○	○	◎
	・・・・・・ 判定結果△の項目は課題に対する対策を行い、進捗の改善を図る。	△	○	◎
	・・・・・・	△	○	◎

最終判定ではすべての項目が完了となる必要がある。万が一、△や×となる項目が残存する場合は、その影響を判断したうえで本番移行可否を最終決定する。

凡例：　◎完了　○予定どおり　△課題あり　×未達成

　さて、こうして無事移行判定が完了すると、実際に移行作業を開始することになる。移行作業はやり直しの利かない一発勝負であり、失敗は許されない。そのために、事前に入念なリハーサルを行う。これを「移行リハーサ

ル」と呼ぶ。銀行のシステム統合のような大規模なプロジェクトでは複数回のリハーサル実施を予定し、PDCAサイクルを回すことで移行作業の精度を高めていく計画としておく必要がある。地方銀行における事例では、リハーサルの実施計画は計3回程度としているケースが多いが、実際にリハーサルを実施した結果として品質が本番移行可能な状態に到達していない場合は、リハーサルの実施を追加するよう、移行リハーサル計画書のなかに定めておかなければならない。移行リハーサルを実施する際には、細かい点も含めて「不芳事項」を記録し、次回のリハーサル実施までの間に改善を図る。改善事項については、必ず実施されるよう、実施すべき内容をアクションプランとして記載し、それが履行されていることをPMOにて確認していくようにするとよい。なお、この移行リハーサルの実施は、移行作業開始の前提となるものであるため、移行判定項目の1つとして「移行リハーサルの完了」をあげておき、移行判定実施までの間に確実に終わらせなければならない（図表4－32）。

図表4－32　移行リハーサルにおける改善活動イメージ

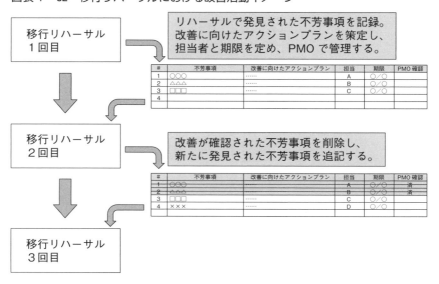

最後に、これだけ準備した移行作業も、時には失敗が発生する。金融機関のシステム移行は社会的な影響も大きく、一歩間違えば大惨事につながるおそれもある。そこで、万が一の場合に備えて、本番移行作業を実施している期間中に適用する「合併コンティンジェンシープラン」を定めておくことが必須となる。「合併コンティンジェンシープラン」の策定にあたっては、移行作業の内容からリスク要因を抽出し、リスクが顕在化した場合の対応方針、対応体制、対応内容などを定めておく。当プランについては、発動する機会がないことが最も望ましいことであるが、必要となった場合に実際に機能するよう、事前に関係者を集めた訓練を実施しておくことがとても重要である（策定内容は、本章「1　計画の策定　(1)　合併計画の全体像」の⑦合併コンティンジェンシープランをご参照）。「合併コンティンジェンシープランの策定」および「当プランの実施訓練」についてはいうまでもなく、移行判定のなかの1項目として定義される。ちなみに、プロジェクト従事者の立場からすると、そもそもコンティンジェンシープランを発動するような事態にならないようプロジェクトを進めるわけであり、この手の検討や訓練に力が入りにくいことも事実である。しかしながら、過去のみずほ銀行のトラブルを例にあげるまでもなく、プロジェクトの移行というものはどのような事態が発生してもおかしくない、という危機感のもと真剣に考えるということが実はポイントであり、そのことがトラブルを未然に防ぐ効果があるということを理解して取り組んでほしいと筆者は考える。

▶ **コラム⑥**　　『移行本部の設置』

「システムのテストが完了した」
「新しいシステムを使った事務の変更内容もすべて整理された」
「全行員の訓練も完了した」
「システム変更に関するお知らせを全顧客に配布した」
　もうここまでくれば、システム統合の完了は目の前である。そして最大の

イベントである「本番移行」を迎えることになる。この時点では、プロジェクトはもはや事務部門やシステム部門中心の取組みではない。銀行全体で動かすべき一大プロジェクトとなる。ここで必要となるのが「移行本部」という体制だ。

システム開発を進める時点では、システム対応を進めるのに適した推進体制がある。専門知識をもって判断すべき事項も多く、どちらかというと専門外の人間は役に立たない。通常は銀行のシステム部門の担当者とベンダー側の担当者でさまざまな問題を解決しながら進めていくことになる。事務対応も同じく、事務に詳しい専門家で特別対応チームを組成し、新しいシステムを使った新しい事務を組み上げていく。こうして完成した新しいシステムと事務を本番で運用開始していくわけだが、本番移行時にはなぜかトラブルが発生することが多い。

テスト段階では、トラブルが発見されたとしても時間をかけて直せばよいのであるが、本番移行時にはそうはいかない。暫定対応としての応急措置をしつつ、早急に対応方針を立て、本格対応を進めなければならない。事は一刻を争うのである。

移行本部の設置は、①事務やシステムが新しくなることに対する行内問合せ増加への備え、②トラブル発生時の初動を早めるための備え、の２つの目的のために行うものである。①の目的のためには、通常行内に設置されている行内ヘルプデスクの人員を増強し、電話等による各現場からの問合せと回答を滞りなく処理するための体制を構築する。また、②の目的のためにはシステム対応のためにシステム人員を待機させるとともに、各現場への指揮命令系統を移行本部による統制のもとで行う体制を構築する。移行本部の構成として、必要な各班と役割定義、必要人員の目安等を例示しておく。

機能分類	主な役割	人員数
移行本部	移行作業全体の統括・管理 取締役会から権限を委譲された役員を本部長とする	
統括	移行作業全体の統括・管理の事務局	10〜15
進行管理	移行作業の進捗管理	
受付	移行作業実施時の作業における照会事項・障害の受付	15〜30
振分け	照会事項・障害の対応担当の振分け	5〜10
回答	営業店等からの照会に対する回答、全店への対応通知	30〜50

| 障害解析 | 障害発生時の原因分析・結果の報告 | 20〜40 |
| 記　録 | 照会事項・障害の内容ならびに回答内容の記録 | 10〜20 |

⑧　プロジェクト管理

　金融機関の合併に伴うシステム統合プロジェクトでは、非常に多くの人員および会社が参加し、長期間にわたる活動となるため、プロジェクト管理態勢を早期に構築し、有効に機能させることが重要である。また、合併は金融機関にとって経営上の最優先課題であり、現場はもちろんのこと、経営層もプロジェクト管理の概念や手法を理解しておくことが必要となる。ここでは、実際に数多くのプロジェクト現場で発生した事例等をもとに、プロジェクト管理を有効に機能させるための要諦をまとめてみたい。

　プロジェクト管理について考える前に、そもそも「プロジェクト」として活動していくうえで最も重要なことは何なのかを考えてみたい。全世界的な組織であるプロジェクトマネジメント協会（Project Management Institute, PMI）が制定しているプロジェクトマネジメント知識体系ガイド（Project Management Body Of Knowledge, PMBOK）によれば「プロジェクトとは、独自のプロダクト、サービス、所産を創造するために実施する有期性のある業務」と定義されている。つまり、プロジェクトとはなんらかの目的をもって計画的に活動することであり、必ずゴールが存在する。金融機関の合併プロジェクトにおいては、両システムが完全に統合完了することがゴールであると定義できるが、業務システムは目にみえる建造物等と違って「かたちがみえない」ために、どこまで何を行ったら「完全に統合が完了した」といえるのかが判然としない。したがって、システム統合に関していえば、初めにプロジェクトのゴール設定を明確に定義することが必要である。プロジェクトの初期段階は構想フェーズと呼ばれ、いわゆるプロジェクトのゴールを定

めることにほかならない。構想フェーズを経てプロジェクトのゴールが定まった段階で、正式にプロジェクトが開始となる。この時点からは、プロジェクトのゴールを達成できるようにさまざまな工夫を行っていくこととなる。プロジェクトを進めるうえでさまざまな資源（ヒト、モノ、カネ、時間など）を確保し、活用していくこととなるが、残念ながら使える資源は常に有限であり、プロジェクトの進行に伴って不足しがちである。プロジェクト管理とは、各資源の制約のもとでプロジェクトのゴールを達成できるようさまざまな工夫を施していく活動であり、プロジェクト管理の基本は「ゴールを判断の拠り所としてプロジェクトの進め方を工夫すること」といえる。

　さて、金融機関の合併に伴うシステム統合プロジェクトは、ゴールとして「元帳情報の一元化」「重複機能の排除」「システム関連費用の低減」などがあげられることが多い。元帳情報の一元化であれば統合対象とする元帳情報の範囲を定義する。重複機能の排除に関しては、検討対象の業務機能の洗い出しから始まり、統合後のシステム構成と実装される機能の一覧等で定義する。システム関連費用の低減については、主にランニングコストを中心として年額費用の目標を定める。こうしてシステム統合プロジェクトが開始されることとなるが、プロジェクトが中盤に差し掛かる頃には構想フェーズでは想定されなかったさまざまな諸問題にぶつかることが多く、当初に立てたゴールから外れていくことも少なくない。しかしながら、巨額の資金を投入し大量の人員を稼働させるシステム統合プロジェクトは、一度動き始めたら軌道修正することがむずかしくなる。この事象は物理学でいうところの「慣性の法則」にも似ている。プロジェクトの規模が大きければ大きいほど慣性も強くなり、方針変更や場合によってはプロジェクト中止等の「軌道修正」を行うことも困難となる。したがって、システム統合などの大規模なプロジェクトを進める場合には、常に「ゴールを見失っていないか」「方向性が間違っていないか」「現在の進行速度でゴールにたどり着けるか」等を定期的にチェックしながら進めていき、少しでも目標から逸れるような兆候が現れたタイミング、つまり「軌道修正が可能なうちに」対応することが成功に

つながる鍵となる。これがプロジェクト管理業務の本質である。以後は、プロジェクト管理業務の具体論を述べてみたい。

　プロジェクトを管理するためには、一般的に「進捗管理」「課題管理」「リスク管理」「品質管理」「予算管理」「資源管理」のような各種の管理を並行して実施していく。どの管理が優先されるというものでもなく、それぞれの観点を組み合わせてプロジェクト全体を可視化していくことになる。各管理においては、体系立てられた管理手法が確立されており、他の金融機関で実施された前例等の情報を収集することで、管理の枠組みをつくりあげることはそれほど困難なことではない。しかしながら、個々のプロジェクトでは現場のルールや前提条件等が異なるため、他の前例等をそのままコピーして使えるものではなく、現場の人にしかわからない「経験則」も取り込んでいかなければならない。つまり、プロジェクト管理とは、

・体系立てられた「管理の枠組み」

・現場の「経験則」

を両輪として運営していくことが重要である。

　「管理の枠組み」については、他の金融機関で実施された前例を情報収集し、管理台帳や管理ツールの仕組みを理解したうえで、自社の既存のルールやツール等を組み合わせることで構築することができる。そしてプロジェクト活動を進めながら各管理の枠組みを適用していき、必要に応じて適宜修正を加えていく。プロジェクト活動は進捗状況や品質状況、参加者の変化等により刻々と状態が変化していくため、「管理の枠組み」についても常に最適化を行っていくことが求められる。ただし、ここで注意してほしいのは、「柔軟性」と「怠慢」を混同しないことだ。よくある状況として、プログラム開発の遅延が発生した場合、キャッチアップに向けた対策を打ちつつ、体系立てられた管理の枠組みから一時的に逸らし、チェック工程を端折って次に進むようなケースがある。現場としては「なんとか前に進めるために」と考えた対策であろうが、これは目の前に起きている事象から目を逸らしているだけであり、開発遅延を発生させた問題自体は解決していないため、結果

としてシステムの品質を担保できなくて当然である。

　一度決めた枠組みは、プロジェクトの状況によって適宜改善していくことは必要だが、進捗上の都合によって変更していくことは「柔軟な対応」ではなく「怠慢」であるといわざるをえない。プロジェクト管理状況を現場からの報告のみですませていると、「柔軟性」と「怠慢」を混同していることに気づくことができないため注意が必要である。現場との信頼感を確保するためにも、第三者目線でプロジェクトの状況を評価できる立場の人員を配置し、常に目線を変えて状況を評価することが有効となるであろう。

　次に「経験則」について考えてみたい。システム開発経験が豊富な技術者や、自社のシステム業務を長く担当している社員には「なんとなく感じる胸騒ぎ」のようなものがある。明確な理由づけがあるわけではないが、「なんか変だ」「このままでは失敗するかもしれない」と感じるのである。熟練職人の勘のようなものかもしれない。管理者のなかにはこのような経験則を受け入れない人もいるが、結局最後はシステムの品質等に結果が現れてくることになる（これは驚くほどよく当たる）。

　このようなベテラン人員の経験則を活かすためには、プロジェクト管理の枠組みのなかに「予兆管理」を組み込むとよい。現場によっては「リスク管理」とも呼ばれるが、金融機関における「リスク管理」という言葉は高度な理論に裏付けされた論理的な管理手法というイメージがあるため、前述のような「なんとなく感じる胸騒ぎ」のような内容はあげにくいものである。

　リスク管理台帳とは別に「予兆メモ」を準備し、プロジェクトに参加する人員が自由に書き込めるようにファイルサーバー上の共有フォルダ等に置いておくとよい。それでも最初は書きにくいため、プロジェクトマネージャー自らが、はじめにいくつか自らが気になる予兆を書いておくと、他のメンバーが書き込みやすくなる。そして予兆メモに記載された内容はプロジェクトマネージャー自らが折りに触れて話題に出すとよい。自分で書いた内容が、プロジェクト活動の品質向上のために活用されることは、嬉しいものである。そしてさらに活発に書き込みがなされるようになる。このような取組

みは、プロジェクト組織のなかの風通しのよさにもつながっていくことが期待されるので、ぜひ取り組んでみていただきたい。

コラム⑦ 　『判定するということ』

　システム統合のような大規模なプロジェクトを進めるためには、多数あるタスクを並行して動かしていくことになる。当然のことながら、タスクごとに難易度も異なり、問題や課題も個々に発生するため、進捗状況や品質状況にはばらつきが発生することになる。PMOはこのような状況下で、あらかじめ定めたタイミングをもって「判定」という行為を行う必要がある。「判定」には、工程開始判定、工程終了判定、移行判定、稼動判定など、さまざまな判定が存在するが、共通していることは、
　　「それまでに実施すべきタスクがすべて終わっていること」
　　「今後実施すべきタスクの準備ができていること」
　　「プロジェクト活動を阻害する外的／内的要因が発生していないこと」
を確認する行為といえる。プロジェクト活動は大量の経営資源（ヒト、モノ、カネ）を投入して行う一大イベントであるため、その成否が銀行経営に与える影響は大きい。場合によっては「プロジェクトを止める」という決断も必要となる場合がある。
　判定を行ううえでPMOが心がけておくべきことは、「客観的にみて説明できるか」という観点であろう。PMOもプロジェクトメンバーの一員であり、一緒に活動している同士としては現場の気持ちを汲み取る場面もある。しかしながら、PMO組織が現場と馴れ合いを始めると、正しく経営判断できない事態を引き起こす可能性がある。PMO担当者は、自らの立場を理解したうえで、正しい情報を現場から吸い上げ、経営に正しく報告することを心がけてほしい。ここには「担当者の解釈」は不要である。

『PMOって結局何？』

　プロジェクトの規模は、目標を達成するために投入されるリソースの規模（ヒト、モノ、カネ、時間）によって表されるが、「規模が大きい」プロジェクトになるとプロジェクトマネージャー１人では管理が行き届かず、問題の発見が遅れることで進捗遅延や品質低下等を引き起こすおそれがあるため、全体の統制をとるための管理組織が必要となる。この目的のために組成される組織がPMO（Project Management Office）である。一般社団法人　日本PMO協会によれば、PMOは「組織内における個々のプロジェクトマネジメントの支援を横断的に行う部門や構造システム」と定義され、以下のような役割を担うとされている。

1. プロジェクトマネジメント方式の標準化
2. プロジェクトマネジメントに関する研修など人材開発
3. プロジェクトマネジメント業務の支援
4. プロジェクト間のリソースやコストの各種調整
5. 個別企業に適応したプロジェクト環境の整備
6. その他不随するプロジェクト関連管理業務

　PMOは本来プロジェクトを推進するために組成する組織であるため、PMOがプロジェクトの現場で担うべき役割は個々のプロジェクトの状況を考慮しながら適切に定義すべきである。しかしながら、近年ではPMOを組成するプロジェクト事例が増えてきているために、さまざまな現場でPMOを経験した有識者が、各々の経験に基づいてPMOが担うべき役割や作業範囲、作業内容等を「勝手にイメージしている」ケースが少なくない。このような現場では、しばしば次のような言葉が聞かれる。

☐プロジェクトが問題だらけなのはPMOがだらしないからだ
☐至るところで遅延が発生している。PMOは何をしているんだ
☐品質が一向に上がらない。PMOはもっとしっかりしてほしい

　これらの意見は、決して間違っているものではないだろう。しかし、だからといってPMOを強化したところで、プロジェクトの進捗が回復するわけでも、品質が向上するわけでもない。問題は常に現場で起こっているため、問題解決のためには現場でテコ入れをするしかないのである。前出の意見は、問題の所在をPMOにすり替えているともとれる。これでは問題は解決しない。

　筆者の経験によれば、これまでかかわった数多くのプロジェクトのなかで、PMOが担うべき役割が同じであった現場は一度もない。PMOはプロジェクトマネージャーを補佐する立場でもあるため、プロジェクトマネージャーの力

量次第でPMOが担うべき役割は本来異なってくるものである。プロジェクト
の成功に向けて、プロジェクト活動を安全に進めていくためには、「この現場
でPMOが担うべき役割」をしっかりと定義し、プロジェクトにかかわるすべ
ての関係者間で認識をあわせておくことが大事である。

第 5 章

これからの銀行合併における考察

第4章までで地域金融機関の経営統合、なかでもより困難な取組みとなる合併に焦点を当ててその統合作業の実務をみてきた。合併という行為は、異なる考え方、文化・企業風土を有するもの同士が同一組織として目指すべき経営理念や目標を実現するために組織・人事・業務・システムのすべてを「必ず統合」することが必要となる。この合併に伴う統合作業は組織・人事等の統合に伴い、どれほど工夫してもほぼ必ず発生する対立を乗り越えることはもちろんのこと、金融機関特有の困難さを有するシステム統合や事務統合、顧客対応に多大なる経営資源を投入する必要があり、かつこれらの困難さゆえに発生しうるさまざまなリスクを適切にコントロールしながら進めていく、本当に大変なプロジェクトである。プロジェクト担当者は日々発生するさまざまな問題への対応で疲弊し、そのたびにプロジェクト責任者は神経をすり減らしていく。それはこれからも変わらない現実であろう。このような取組みをこれから実行していく、もしくは考えざるをえない金融機関の皆様に向けて、あらためて銀行統合・合併において必ず考慮しなければならないポイントである「デジタル時代への対応」と「変化の激しい時代におけるプロジェクト管理」という2点を考察したい。

 ## デジタル時代を迎えるなかでの合併

　近年、全業種でデジタル改革が加速度的に進展していくなか、特に金融機関におけるデジタル化の波はとどまるところを知らない時代となった。日本政府はキャッシュレス社会を推進（経済産業省、2018）し、非金融事業者による決済サービスが次々と生み出されている。金融機関の本来の存在意義は貨幣経済社会における信用創造の役割を担うことにあったが、それも新たな技術であるブロックチェーン等によって、金融機関が介在せずとも金融取引が行われる世の中になろうとしている。このような現代において、金融機関がその存在意義をしっかりと確保し、永続的に存在し続けるためには、金融機関がデジタル技術に置き換わっていくのではなく、金融機関が積極的にデ

ジタル技術を活用する方向に向かわなくてはならない。仮に合併に伴うシステム統合プロジェクトの途上にあったとしても、デジタル技術の活用に向けた対応は中断せずに推進していかねばならないだろう。世の中は1金融機関の都合で動きを止めたりはしないのである。ここでは、金融機関がデジタル技術を活用していく際に検討すべき内容を経営統合と絡めて考察してみたい。

　まず、金融機関においてデジタル化を検討する際に、真っ先に思いつくのは「生産性向上」に向けた取組みであろう。RPA（Robotic Process Automation：ロボットによる業務処理の自動化）やAI（Artificial Intelligence：人工知能）の金融機関業務への適用事例は、現在IT事業者各社が競うように次々と事例紹介を行っている。RPAについては、かつては単純な繰り返し処理程度しかできなかったものが、現在ではAIとの組合せにより、より高度な業務的判断をもとに、人間が行う作業と遜色のないレベルにまで到達しようとしている。日本全体として、労働者人口が減少していくなか、RPAやAIによる生産性向上に向けた取組みは必須であろう。そして、「事務処理の正確さ」を売りとする銀行は、その仕事の多くをデジタル化することで、より高品質なサービスを提供していくことにつながる。

　では、デジタルとは相反する「人間」は何をすべきであろうか。地域金融機関に求められる一番の存在意義は「金融仲介機能の発揮による地域経済活性化への貢献」であり、地域に根差した地方創生の主軸となることである。であるならば、地域金融機関には「人間」にしかできない重要な仕事が残されているはずである。「地方創生に向けた銀行界の取組と課題」（全国銀行協会、2016）では、数多くの地域金融機関における地方創生に向けた好事例が紹介されているが、その内容は「目利き力を備えた人材の育成」「積極的な企業ニーズの発掘」「地域特性に応じたコンサルティング機能の発揮」「地域企業の魅力の発信等を通じた定住人口・交流人口の増加」としてまとめられている。

　いずれの取組みも、デジタルを道具として使うことはあってもデジタルに

よって置き換わるものではない。経営統合を進めていく金融機関においては、しばしば「旧○○行の流儀」などと称して、お互いの考え方をぶつけ合う場面がみられることがある。経営体制を一体化していく活動のなかで、お互いの考えをぶつけて議論していくことはおおいに結構であるが、その結果として地域活動の活性化や地方創生につながる活動となるよう、地域のために前向きな結論を導き出していかなければならない。デジタル化が進むいまだからこそ、人間にしかできない仕事に着目し、地域金融機関としてその役割を果たすべく、経営の舵取りを行っていく必要があるだろう。金融機関における合併への活動は、デジタル面だけでなく、人間の活動としての統一化を目指す取組みであることも意識していていただきたい。

　さらにもう1つのデジタル化に向けた観点として、「新たなビジネスモデル構築」があげられる。金融審議会「金融制度スタディグループ」は、2018年6月19日発表の中間整理のなかで、利用者が金融機関を介してサービスにアクセスする仕組み（金融機関ハブ型）が変化する可能性に言及している。金融・非金融のリバンドリングが広がれば、顧客とのインターフェースをつかさどる企業を通して顧客ニーズに沿ってサービスを提供する仕組み（「インターフェース企業中心型」）がより合理的となる可能性、さらには、「取引所型」や「分散型」へ変化していくことも想定される。

　また、バーゼル銀行監督委員会2017年8月発行の市中協議文書「FinTechの発展がもたらす銀行及び銀行監督当局へのインプリケーション」において、今後の銀行のビジネスモデルをBetter Bank（FinTech取込み型）、Distributed Bank（分業・協業型）、Relegated Bank（プラットフォーマー型）、New Bank（新規参入銀行型）、Disintermediated Bank（分散型）の5つに整理した。これらは、金融サービスの提供者、顧客チャネルの設置・運営者に注目したFinTechの普及による銀行業の変容パターンであり、地域金融機関といえども自分たちがどのようなビジネスモデルに変化していかなければならないかを考え、デジタル活用とともに実行に移していく行動力が必須となるとみている。

このような対応を経営統合プロジェクトとともに実現しようとしたら、戦略立案段階から対応方針を「決める」力が何より求められると考える。合併前のそれぞれの金融機関においては、組織の長である頭取もしくは社長の陣頭指揮のもと、トップダウンで「決める」力が十分に備わっていることが多い。しかしながら、合併に向けた活動が始まると話は別である。合併を推進する組織が結成され、両金融機関からそれぞれ適切な役職にある人材が拠出され、何事も相談によって決めていく体制で進められるようになると、途端に「決める」力が弱まってしまう。合併を推進していくなかでは、「意思決定に関するルール」を明確に定め、無駄な時間をかけることなく迅速に意思決定ができる体制を早期に構築することが、成功への鍵となるだろう。

② 不確実な時代における合併

　銀行というと、一昔前までは「堅実・安心」のイメージが強く、新卒学生の就職希望先ランキングでも常に上位に位置する業界であった。特に地方銀行は、地元で働きたいと考える学生にとっては最上位に位置する就職希望先であった。しかし、いまはどうであろうか。「堅実・安心」のイメージは特に変わっていないものの、世の中が大きく変化している現在において逆に「変わっていない」ことが将来への不安を感じさせる要因になっているともいえる。地域金融機関を取り巻く環境は昨今特に厳しく、国内マーケットの縮小、少子高齢化による人口減少と地方経済の低迷、デジタル化や規制緩和による異業種参入、制度・規制への対応等、外部環境の変化が激しい時代になってきた。地域金融機関が現在求められている外部環境変化への対応を列挙してみよう。

・オープンAPIへの対応
・RPA・AIの活用
・ブロックチェーンの活用
・仮想通貨への対応

・クラウドの利活用（保有から利用へ）

・バーゼルⅢ対応

・FATF対応（第4次対日相互審査をふまえたアンチマネロン対策）

・全銀モアタイム対応　等々

　これらが同時進行で展開し、少子高齢化や人口減少、デジタル改革の波が押し寄せ、数十年に一度といえる大きな変化と将来に向けた不確実性の非常に高い時代を前提とした、「持続可能なビジネスモデル」の追及は待ったなしの状況といえる。すなわち、合併プロジェクトといえども、数年間にわたって、その取組みだけに大半のリソースを投入し、当面のゴール（＝合併）にまっすぐ向かうだけの執行では、そのこと自体が大きな経営リスクを抱える時代というわけである。したがって合併という重大プロジェクトを推進しながらも、次から次へと求められる制度対応や将来のための取組みに対してしっかりとリソースを配分して、常にリスクをコントロールしながら大変むずかしい経営の舵取りをしていかなくてはならない。しかし、リソース（コスト・人材等）は有限であり、自らの金融機関がその負荷に耐えられないと判断するなら合併を望むべきではないだろうし、仮に合併せざるをえないと判断したなら、極力負荷のかからない、リスクを低減する方法を採用するべきであろう。そのような観点からすると縄張り争いや銀行プライドの確保のための討議は無駄な行為にほかならない。それよりは、より高度なリソースマネジメント、複数プロジェクトを適切にマネージするプログラムマネジメントの「実現」を目指していくことが肝要ではないだろうか。加えて、このような難易度が非常に高いといえるプロジェクトはめったに経験できない貴重なものであり、組織や個人の大事な成長機会と位置づけることもできる。変化の激しい時代ほど、このような経験を積んだメンバーがその次の時代を担う人材となっていけるということを理解いただき、経営統合・合併プロジェクトという困難な取組みに臨んでほしいと切に願う。

あとがきにかえて

（編集者注）　以下の対談は、著者である大野晃、西島康隆両氏により、本書の内容を総括する目的で行ったものである。対談は日本列島に甚大な被害をもたらした令和元年台風19号が上陸する前夜の2019年10月11日に実施した。

——本書は、地域金融機関の経営統合をテーマにした1冊です。著者のお二人はこれまでのさまざまな経験や知見をふまえ本書を執筆されたと思いますが、執筆前後で地域金融機関の経営統合についての考え方・見え方に変化はあったでしょうか。

西島　当社（サインポスト）はこれまで地域金融機関のシステム移行や経営統合を含めて30行ほどのご支援の実績があり、プロジェクト推進上の重要事項や要点を感覚的にわかっていたつもりでした。しかし、実際に執筆することで、これらは当社のお客様である地域金融機関の皆様はほとんど有していない貴重なノウハウの塊であることを実感し、あらためて仕事の価値に気づくことができました。

大野　執筆をするなかでここ十数年を振り返ってきましたが、あらためて昨今の環境変化の速さを実感し、そのような環境下であるがゆえにただでさえむずかしい経営統合の難易度がますます上がっていることを強く意識するようになりました。バブル崩壊以降、大手銀行は戦略的統合を繰り返してメガバンクが相次いで誕生し、国内再編という観点では一定の仕上がりを感じています。しかし、地域金融機関はいまだ再編圧力の渦中にあります。信用金庫や信用組合においても多くの経営統合が行われ、その流れがとどまる様相はなく、地方銀行においてはここ数年で経営統合にとどまらず合併まで踏み込む流れが顕著になってきています。加えて先般（2019年7月）、横浜銀行と千葉銀行の間で締結された「千葉・横浜パートナーシップ」に代表される包括的な業務提携の動きや、SBIホールディングスが地

方銀行各行と提携を進め「第4のメガバンクを目指す」というような報道もあり、本当にさまざまなかたちで生き残りをかけた取組みが本格化してきていると感じます。

　そのようななか、当社（アビームコンサルティング）は特に2000年代後半から地域金融機関の経営統合に本格的に関与してきました。その頃から地域金融機関の外部環境の厳しさや変化の速さを指摘する論調はありましたが、現在の環境と比較するとその差は歴然で、当時は1年かけて変化していたものがいまでは3カ月で変化するくらいのスピードの差があるのではないでしょうか。結果として、合併のような経営上、最重要に位置づけられるプロジェクトであっても、現業に大きく制約をかけざるをえない取組みであるがゆえに、ますますスピード感をもった計画立案や実行が求められていますね。

西島　経営統合プロジェクトでは通常、本稼働から1年前をシステムの仕様凍結期間とします。しかし、10年前の1年といまの1年はまったく重みが違っており、1年間仕様凍結をすることの経営リスクが大きくなっていると実感します。プロジェクト延期が経営に及ぼすダメージも大きくなっていますね。

大野　最近は「仕様凍結は絶対にやらないとだめか。仕様凍結せずにプロジェクトを進められないのか」と金融機関の経営層の方々からご相談を受けることが少なからずあります。特にシステム統合の観点において大規模プロジェクト運営を全うすることを考えれば、仕様凍結が必要なのは間違いないのですが、一方で仕様凍結による経営リスクがかつてより高まっているのも事実です。その結果、仕様凍結解除の実施可否を見極めるプロセスを確実に整備したうえで、常に「熟慮すること」を推奨するようにしています。変化が激しい時代だからこそ、常に考え、常に決断するということの重要性が高いと認識しています。

西島　新しい技術が次から次へと生まれるため、仕様凍結を解除して統合プロジェクト期間中に新技術を取り込みたいという経営のニーズは十分理解

できます。一方で既存顧客を守ることも重要であると認識しなければいけません。経営統合プロジェクトはこのような重要事項に関する意思決定の連続なんですよね。

——環境変化の激しい時代だからこそ、経営統合の難易度も上がってきているということですね。意思決定が容易でないケースも多くあるでしょうから、経験豊富なコンサルタントの存在は地域金融機関にとって貴重な存在なのだろうと感じました。

さて、地域金融機関の経営統合プロジェクトに10年以上携わっているお二人にあらためてお伺いします。昨今、かつてのような救済型の経営統合だけでなく、FinTech等の新しいプレーヤーに対抗していくための戦略的経営統合を選択する金融機関も増えているようです。「経営統合」という選択が、新しいプレーヤーに対抗することに本当につながるのでしょうか。

また長崎県の事例（十八銀行と親和銀行の合併）では、「地域における金融空白地帯の発生」や「日本型金融排除」が懸念されるとの声もありました。顧客本位の経営と地域金融機関の経営統合は両立するのでしょうか。

大野　両立はできると考えていますし、両立させなければいけないことと理解しています。そもそも経営統合の目的が地域金融機関の「大義」を全うし続けるためのものであるはずで、経営統合を行うことで金融排除や金融空白が拡大するのでは本末転倒になってしまいます。もちろん、どの地域金融機関の経営統合プロジェクトにおいても「べき論」だけでは進めることはできず、議論すべき多くの問題が必ず発生します。しかしながら、その問題から目を背けるべきではありません。また、経営統合や合併によって資本の厚みを増すことが第一の目的に語られがちですが、本来、経営統合、特に合併によって人材の厚みを増すことができる点にもあらためて着目すべきだと思います。簡単ではありませんがこの人材の厚みを統合後の経営にうまく活かしていくことで、経営統合がその地域にとって「大きなプラス」になると考えています。

西島　仕事柄、私は地域金融機関を訪問することが多く、そのたびに当地の

金融機関の皆様が地元愛に溢れていることを実感します。地域金融機関がその地域経済を支えている面はたしかにあります。地域金融機関は地域経済の根幹をなしており、経営統合してでも生き残ることが求められていると思います。そういう意味で地域金融機関の経営統合を前向きにとらえています。昔、地域金融機関への出張を終えた後にその金融機関の方から手紙を頂戴することがありました。その手紙には「このたびはご来県賜りありがとうございます」と書かれていました。これを読んで、その金融機関が地域を代表しているという自覚を強くもっておられることを感じました。地元愛に溢れたこの手紙をいまでも大切にもっています。

——これからの地域経済を支えるためにも、地域金融機関の経営統合はぜひとも成功させなければいけないということですね。

さて、次の質問です。経営統合には、「経営理念の統合」と「システム・業務の統合」の2面があると思いますが、特に「経営理念の統合」については、たとえば株主に説明し理解を得ることはむずかしいのではないでしょうか。実際には、経営理念の統合における障壁はどのあたりにあり、最終的にどのようなかたちで進めているのでしょうか。

大野 地域金融機関における形式的な「経営理念の統合」は、実はむずかしくありません。基本的に「地域を支える」「地域とともに発展する」というような考え方はほとんどの地域金融機関が掲げているもので、理念自体が大きく異なるものではないからです。しかしながら、経営理念を体現する経営戦略や事業戦略・施策等を実務レベルまで落とし込んで一本化するとなると、これはたしかにむずかしいものになります。誤解を恐れずにいえば、実際に経営理念の統合を検討する際、検討スピードを優先してか、理念の「言葉」の統合にのみ意識を向け、理念の意味するところや結果としての戦略・施策の整合性までを深く議論したうえで、統合後の理念をあらためてつくりあげるというプロセスを踏んでいる金融機関はまれではないかと感じています。その結果が株主や顧客に対する説明にも表れるともいえますね。

西島　経営統合では「対等の精神」を謳っても、「完全な対等」の合併は現実的にはむずかしいと考えます。実務の観点からは、システム・事務はどちらかの金融機関に寄せるかたちが好ましいですね。たとえば、「集金を大事にする（その先にある顧客接点を重要視する）」という想いをもった金融機関と、現金を持ち歩くことのリスク回避を重要視する金融機関とでは、合併後の事務を考える際に価値観があわず時間を要することになります。一方で、プロジェクトには時限が必ずあるので、どこかのタイミングで統合方針を決めなければなりません。経営統合プロジェクトは、一般的に３年程度かかると言われていますが、統合方針を決める過程で「どちらに寄せるか」「何を捨てるか」の議論に多くの時間を費やしているのが実態です。

大野　方針検討の段階では議論を避け、あいまいな統合方針のままプロジェクトを進めて、実務ベースの検討に入った際に右往左往するのはよく見かける光景です。「対等の精神」で統合を進める場合、事務統合の例でいえば「お互いの事務を比較して良いところを取り込み、新しい事務をつくっていきましょう」という意見が出ることがありますが、これは一見正しい考え方のようにみえて、じつは経営統合で目指す大義を早期に実現する観点からはあまり推奨できません。現在の環境下において地域金融機関同士の経営統合や合併を検討されている方々には、「現実的には対等統合や対等合併はありえない」ことを十分理解したうえで、経営統合や合併を「するのか」「しないのか」を決めてほしいと思います。また、経営統合をすると決めたからには、統合の「後」にこそすべてのエネルギーを確実に注力できるよう、経営統合プロジェクトのなかでは、効率やリスクを重要視した進め方を徹底してほしいですね。

──地域金融機関の合併や経営統合のむずかしさの一面がみえるお話ですね。プロジェクトの現場での実務的な苦労が想像できます。

次の質問に移りますが、森信親金融庁長官時代（2015年〜2018年）以降、金融行政はプリンシプルベースが顕著となり、金融検査マニュアルも廃止

されました。たとえば融資業務においては、ある取引先に対してA銀行・B銀行ともに債務者区分を要注意先と判定しているものの、実際の融資の方針は異なることも考えられます。プリンシプルベースになると各行の判断が尊重され、現場の裁量が大きくなることで、こういう実務面での統合方針を固めるのはかつてよりむずかしくなるのではないでしょうか。

大野 現場の討議に鑑みると、いくらプリンシプルベースとはいえ、考え方だけで議論するわけではないので、やはりルールレベルの統合を検討することになります。したがって、明確な比較対象があるがゆえに議論が白熱することはあるものの、議論自体は進めることができます。しかし、各行でなぜそのルールができあがったのかという背景を十分に理解していない、もしくは、知らないまま単に比較論で議論することが見受けられますね。プリンシプルベースの考え方に基づけばこの議論の進め方は好ましくないと思います。先行の統合事例を取り寄せて、これをコピーして決めるやり方も推奨しません。やはりしっかりとした考え方や方針を固め、そのうえでルールの統合を考えることが大事で、われわれの支援は「議論するべきことは何か」を示すことから始まります。このスタンスは、「規程類（ルール）の統合」であっても「システムの統合」であっても「事務の統合」であってもいずれも同じと考えます。

西島 考えること自体がむずかしくなっていると思いますね。特にシステムはそう思います。地域金融機関が現在使っている勘定系システムは第3次オンライン（1980年代半ばに構築）の骨格が残っているもので、多くはいまでも変わっていません。第3次オンラインを考えた人たちはすでに引退しておられ、システムの現場では第3次オンラインの設計思想を語れる人が限られており、何でそのように設計したのかを把握するのが困難になっています。それが十分理解されないまま議論を進めるのは危険であり、引退されたOBの方を招聘してきて対応するケースもあります。

　金融機関のシステムは商品・サービスそのものであり、他業界のように効率化の手段としてシステムを活用しているのとは違います。したがっ

て、金融機関の合併や経営統合を進めるうえでシステム統合は避けて通れないものだと思います。

　システムは永遠に使い続けられるものではなく、保守期限等により定期的な作り替えが必要となります。システム構築のノウハウを継承するためにも、10年程度ごとに作り替える活動が必要だと思います。しかし多くの地域金融機関は、バブル崩壊後に長く続いた不況と不良債権処理等で本格的なシステム投資を行えず、現行システムの延命を繰り返してきました。そのような経緯が、今般の合併や経営統合に伴うシステム統合の難易度を上げる要因になっていると感じます。

——プリンシプルベースが重視される反面、合併や経営統合の実務面から見ると一定のルールは大事で、しっかりと考えないといけないということですね。システム開発におけるノウハウ継承の危機感も感じることができました。

　さて、最後の質問です。金融庁の集計によると、2018年度には地方銀行の４割が本業赤字に陥っているとされており、これからの地域金融ビジネスは厳しいという認識が世間一般にも定着してきていると思います。そのような各種報道の影響も大きいのでしょうが、採用でも、人材確保が以前よりむずかしくなっているというニュースを目にするようになりました。お二人は５年後、10年後、再編の方向性も含め地域金融ビジネスはどのように変わっていくとみておられますか。

大野　今後の地域金融機関の経営統合は、救済的な意味合いをもつものが増えるとみています。結果として、残念ながら現在の役職員全員が必ずしも幸せになるわけではないでしょう。昨今、さまざまな識者が発信していますが、経営統合をはじめとした地域金融機関の再編は、組織としての観点ではなく、そこにいる個人個人が変化を受け入れ、変化に対応し、自らを成長させていくことが必須の取組みであることをあらためて認識する必要があると考えています。そのような人材が各地域で活躍する姿をみせることができれば、希望的観測ではありますが、地域を大事にしたいという人

材は必ず一定数存在しているので、これからも必要な人材を確保していく
ことはできるのではないでしょうか。経営統合を検討されている皆様に
は、経営統合という行為が地域やそこにかかわる方々を幸せにすることに
つながっていくのかを見極めていただきたいと思います。その結果「統合
しない」と決断されるのであれば、その決断を尊重したいですね。われわ
れはその決断をするための、また決断したことを実行するための支援は全
力で続けていきたいと思います。

西島　地域金融機関の数が減り、特定の地域に偏った経済構造になると指摘
されて久しくなりました。各県・地域を代表する意識・誇りをもって仕事
をする人が多い地域金融機関が前向きに経営統合に向き合ってもらいたい
と思いますし、われわれも全力でご支援していきたいと思います。

用語解説

【あ行】

RPA……137、139

RPA（Robotic Process Automation）とは、ルールエンジンやAI、機械学習などの認知技術を取り入れたソフトウェア型のロボットを利用して、これまで人間が行ってきた業務の自動化や効率化を図る取組みをいう。2017年頃より日本の金融機関におけるRPA導入事例が数多く発表されている。

IoT……8

IoT（Internet of Things）とは、さまざまなモノがインターネットに接続され、情報交換することにより相互に制御する仕組みをいう。家電等を中心にさまざまな導入が進められている。

AI……2、8、137、139

AI（Artificial Intelligence：人工知能）とは、学習・推論・認識・判断などの人間がもつ知的能力をコンピュータ上で実現するためのソフトウェア技術をいう。金融機関におけるさまざまな業務への適用が研究されている。

APIエコノミー……9

API（Application Programing Interface）とは、あるシステムから別のシステムの機能を呼び出す仕組みをいう。このAPIを公開することにより、自社だけでなく他社のサービスも活用して広がっていく商圏（経済圏）のことをAPIエコノミーという。

オープンAPI……9、139

APIを他企業に公開することをオープンAPIと呼ぶ。日本ではオープンAPIを提供する金融機関が少数にとどまっていたことから、普及・拡大を促進するために、2017年の銀行法改正によりオープンAPIの努力義務が課された。

【か行】

仮想通貨……9、139

仮想通貨（暗号資産）とは、電子データのみでやりとりされる通貨であり、法定通貨のように国家による強制通用力（金銭債務の弁済手段として用いられる法的効力）をもたず、主にインターネット上での取引などに用いられる。

銀行コード……34

全国銀行協会内の金融機関共同コード管理委員会が制定する、金融機関に付与された4桁のコードである。正しくは統一金融機関コードであるが、金融機関コード、銀行コード、全銀協コードとも呼ばれる。全国銀行データ通信システムなど

での通信や、顧客会社が依頼する振込や口座振替のデータ作成に用いられる。

クラウド……140

インターネットなどのコンピュータネットワークを経由して、自社内でコンピュータ資源を保有せず、サービスのかたちで利用する。コンピュータ資源の配置形態により、パブリッククラウドとプライベートクラウドに分類される（両者を組み合わせたハイブリッドクラウドも存在する）。

コンティンジェンシープラン……64、125

コンティンジェンシープランとは、予期せぬ事態に備えて、あらかじめ定めておく緊急時対応計画をいう。当プランを定めておくことで、組織は予期せぬ事態によって中断する範囲を最小限にし、迅速かつ効率的に必要な業務の復旧を行うことが可能になる。本書で取り扱っている内容は、主にシステム統合作業に伴うコンティンジェンシープランであり、システムの移行作業等になんらかのトラブルが発生した場合の組織的な対応を定めておくものである。

【さ行】

サイバーセキュリティ……9

サイバー攻撃に対する防御行為。コンピュータへの不正侵入、データの改竄や破壊、情報漏洩、コンピュータウイルスの感染などがなされないよう、コンピュータやコンピュータネットワークの安全を確保すること。2014年にサイバーセキュリティ基本法が制定され、サイバーセキュリティに関する施策を総合的かつ効率的に推進するための基本理念を定め、国の責務等を明らかにするとともに、サイバーセキュリティ戦略の策定その他当該施策の基本となる事項等を規定している。

サンドボックス……9

外部から受け取ったプログラムを保護された領域で動作させることによって、システムが不正に操作されるのを防ぐセキュリティ機構のことをいう。実行されるプログラムは保護された領域に入り、ほかのプログラムやデータなどを操作できない状態にされて動作するため、プログラムが暴走したりウイルスを動作させようとしてもシステムに影響が及ばないようになっている。また、IT用語から派生して、サンドボックス制度（現行法の規制を一時的に止めて特区内で新技術を実証できる制度）のように、現行から切り離し、既存事業への影響を限定したなかで新規事業を行うような際にも使われる。

ジャパン・プレミアム……12

ジャパン・プレミアムとは、日本の金融機関が海外の金融市場から資金調達するとき上乗せされた、その他の国の金融機関より高い金利のことである。バブル経済崩壊後の1997年秋頃より発生し、1998年秋にはさらに金利が上乗せされたが、1999年に日本銀行がゼロ金利政策を行ったため金融機関の資金確保にメドが立

ち、これと同時に海外の金融市場も積み増しを緩めていった。そして2000年には日本の金融機関向けの金利は他国の金融機関並みとなったためジャパン・プレミアムは終焉している。

主要行……13

主要行とは、金融庁が金融機関を分類する際に使用する表現で、全国的に事業展開している、一定の規模をもつ金融機関を総称している。本書を執筆した2019年11月時点で9金融機関（みずほ銀行、みずほ信託銀行、三菱UFJ銀行、三菱UFJ信託銀行、三井住友銀行、三井住友信託銀行、りそな銀行、新生銀行、あおぞら銀行）が対象となっている。

信用金庫……17

信用金庫は1951年6月に制定された信用金庫法に基づく、会員の出資による営利を目的としない協同組織の地域金融機関である。営業地域が一定の地域に限定された、中小企業ならびに個人のための専門金融機関であり、大企業や営業地域外の企業・個人には融資ができないという制限があるが、これは「地域で集めた資金を地域の中小企業と個人に還元することにより、地域社会の発展に寄与する」という信用金庫の目的のためである。本書を執筆した2019年11月時点で257金庫が存在している。

信用組合……17

信用組合（正しくは信用協同組合）は中小企業等協同組合法に規定された中小企業等協同組合の一つで、信用金庫等と同じく営利を目的としない協同組織の地域金融機関である。基本的には銀行や信用金庫と同様の業務を行っているが、組合員以外の預金の受入れが制限されている等の違いがある。本書を執筆した2019年11月時点で146組合が存在している。

整理回収機構……12、13

株式会社整理回収機構は、金融機能の再生および健全化を行うための銀行・債権回収会社である。産業再生機構、第二日本承継銀行とともに預金保険機構100％出資で設立された株式会社であり、株式会社住宅金融債権管理機構および株式会社整理回収銀行が1999年4月1日に合併し、存続法人を住管機構として成立した。整理回収機構は預金保険機構等との回収協定を結んだ銀行として、預金保険機構からの委託を受けた金融機能の再生等に関する業務を行っている。

全銀モアタイム対応……140

全銀システムは、全国銀行資金決済ネットワーク（全銀ネット）が運営する、金融機関相互間の内国為替取引をオンライン処理するシステム。全銀モアタイム対応は、全銀システムの稼動時間を従来の平日8：30〜15：30（コアタイム）から24時間に拡大し、平日昼間以外の夜間や土日祝日でも銀行間での即時入金を実現した。2018年10月よりモアタイムが稼動している。

第二地方銀行……13

　第二地方銀行とは、一般社団法人第二地方銀行協会の会員である銀行であり、本書を執筆した2019年11月時点で39行が存在している。その多くは、かつて相互銀行法の規定により免許を受けていた相互銀行が、1968年に施行された「金融機関の合併及び転換に関する法律」に基づく認可により普通銀行に転換したものである。

地域金融機関……13

　特定の地域を主要な営業基盤とする金融機関をいう。これは、大都市に主要な営業基盤を置き、各地に多数の支店をもつ都市銀行に対する概念で、具体的には、地方銀行や第二地方銀行、信用金庫、信用組合、農業協同組合、漁業協同組合、労働金庫などが含まれる。

地方銀行（第一地方銀行）……13

　地方銀行とは、一般社団法人全国地方銀行協会の会員である銀行であり、本書を執筆した2019年11月時点で64行が存在している。一般社団法人第二地方銀行協会の会員である銀行（第二地方銀行）との対比から、第一地方銀行と呼ばれる場合もあるが、俗称であって正式なものではない。なお、本書で特に断りがない場合は、地方銀行は第一地方銀行と第二地方銀行の両者を指す。

電子決済等代行業者…… 9

　2017年の銀行法改正において、銀行のシステムにアクセスして一定のサービスを提供する事業者に対し、「電子決済等代行業」という新たな業種を設け、これを行う事業者に登録を義務づけるなど一定の規制を課すこととした。電子決済等代行業は、決済指図伝達サービスと口座情報取得サービスの2つに分類される。決済指図伝達サービスの事業者をPISP（Payment Initiation Service Provider）、口座情報取得サービスの事業者をAISP（Account Information Service Provider）と呼ぶことも多い。

日本型金融排除……143

　日本における金融機関と企業の関係性について金融庁が提唱した表現であり、平成28（2016）事務年度の金融行政方針において発表された。日本の金融機関は、十分に収益が見込めたり担保が用意できる信用力のある企業には優先的に融資するが、一方で十分な担保が用意できないなどリスクがあるものの、将来性がある、もしくは地域になくてはならない企業への融資には消極的であるとしている。こうした金融機関の姿勢の背景には、バブル経済崩壊後の1990年代後半から2000年代前半にかけて金融庁が不良債権処理のために金融機関の検査を厳格化さ

せたことにあるとされる。

【は行】

バーゼルⅢ……140

　主要国の金融監督当局で構成するバーゼル銀行監督委員会が2010年9月に公表した、国際的に業務を展開している銀行の健全性を維持するための新たな自己資本規制のことをいう。一般に「バーゼルⅢ」は、1988年に公表された、銀行の自己資本比率に関する規制である「バーゼル合意（BIS規制）」、2004年に公表された、BIS規制の内容を見直し、より金融機関のリスクを反映させた「バーゼルⅡ（新BIS規制）」に次ぐ、新たな枠組み（規制強化策）であり、2012年末から段階的に導入し、2019年から全面的に適用されている。

バブル経済……12

　バブル経済とは、おおむね不動産や株式をはじめとした時価資産価格が、投機によって経済成長以上のペースで高騰して実体経済から大幅にかけ離れ、それ以上は投機によっても支えきれなくなるまでの経済状態を指す。日本では、1973年12月以降の安定成長を経て、1985年9月、プラザ合意がバブル景気の直接の引き金となった。日本経済は空前の好景気を迎え、株式市場も日経平均株価30,000円の大台を超えた。

バリューチェーン……9

　事業活動を機能ごとに分類し、どの部分（機能）で付加価値が生み出されているか、競合と比較してどの部分に強み・弱みがあるかを分析し、事業戦略の有効性や改善の方向を探る分析手法。

ビッグデータ……2、8

　データの収集、取捨選択、管理および処理に関して、一般的なソフトウェアの能力を超えたサイズのデータ集合。例として、インターネット文書、通話記録明細、天文学、大気科学、医療記録、写真アーカイブ、購買履歴、移動履歴、等。

FATF……140

　FATF（Financial Action Task Force）とは、1989年のアルシューサミット経済宣言により設立された政府間機関。マネーローンダリング対策やテロ資金対策などにおける国際的な協調指導、協力推進などを行う。国際基準の策定や加盟している国・地域・機関への勧告、勧告遵守の推奨など指導的役割も担う。

FinTech……5、9、110

　金融（Finance）と技術（Technology）を組み合わせた造語。金融サービスと情報技術を結びつけたさまざまな革新的な取組みを指す。例として、スマートフォンを活用した送金やキャッシュレス決済など。

不良債権比率……13

　不良債権比率とは、貸付金等総与信残高（貸出金・債務保証等の合計額）に占め

る不良債権の比率。以下の算式で求められる。

不良債権比率＝不良債権の残高／貸出金および債務保証等の合計額

不良債権問題……12

不良債権とは、回収困難な債権をいう。金融機関において、貸付（融資）先企業の経営悪化や倒産などの理由から、回収困難になる可能性が高い貸付金（金融機関からみた債権）を指す。日本では、バブル景気時代に高騰した不動産を担保にとり甘い融資が行われたが、バブル崩壊後には融資先が事業に失敗して融資の回収ができず、さらに、担保の不動産は暴落して融資額を下回り、下位の抵当権で担保を設定した金融機関は融資回収も担保もとれない、という状況が相次いだ。こうして回収が不可能になった債権によって日本の銀行各行は深刻な経営危機に陥った。

ブロックチェーン……2、8、136、139

ブロックチェーンとは、ネットワークで接続された複数のコンピュータに暗号技術を組み合わせ、取引情報などのデータを同期して記録する手法。一定期間の取引データをブロック単位にまとめ、コンピュータ同士で検証し合いながら正しい記録をチェーン（鎖）のようにつないで蓄積する仕組みであることから、ブロックチェーンと呼ばれる。ビットコインなどの仮想通貨に用いられる基盤技術である。

ペイオフ……13

金融機関が破綻し、当該金融機関が破産により処理される場合に預金保険法により保護される預金者の預金債権について、預金保険機構が預金保険金の給付として預金者に直接支払を行うこと。1金融機関につき1預金者当り元本1,000万円までとその利息の預金債権が預金保険法による保護の対象となっている。2010年9月10日、日本振興銀行が経営破綻し、初のペイオフが発動された。

ベター・レギュレーション……6

よりよい規制環境を実現するための金融統制の質的向上を意味する。金融庁はこれからの金融行政における大きな課題として位置づけ、ルール・ベースの監督とプリンシプル・ベースの監督の最適な組合せ、優先課題への効果的対応、金融機関の自助努力尊重と金融機関へのインセンティブの重視、行政対応の透明性・予測可能性の向上を4つの柱としている。

【ま行】

マイルストーン……55

マイルストーンとは、プロジェクト活動の進捗状況を管理するために途中で設けるチェックポイントである。もとは道路などに置かれ、距離を表示する標識（里程標）を意味していた。商品開発やシステム開発など、長期間にわたるプロジェクトなどで使用される。　各マイルストーンは最終的な到達点に向かうまでの通

過点であり、それぞれの時点で達成すべき事柄（達成要件）と、実際の状況を照らし合わせることで進度の調整を行う。日付で指定されるほか、イベントや行事をマイルストーンとすることもある。

マネーローンダリング……9

犯罪行為によって得た現金（汚い資金）から、出所を消し（汚れを洗い流し）、正当な手段で得た資金と見せかける（綺麗に見せかける）こと。金融機関の架空口座等を利用し転々と送金を繰り返したり、債券や株式を購入したり、海外送金し架空ビジネスに利益計上させて国内に戻したり、合法的な財産と混和させるなどの方法がとられる。

【や行】

預金保険機構……12、13

預金保険機構は、日本の預金保険法に基づく認可法人。預金保険を提供する等、預金者等の保護と信用秩序の維持を主な目的とする。政府と日本銀行と民間金融機関全体がほぼ同じ割合で出資している。

【ら行】

リーマンショック……96

2008年9月15日にアメリカ合衆国の投資銀行であるリーマン・ブラザーズ・ホールディングスが経営破綻したことに端を発し、連鎖的に世界規模の金融危機が発生した。世界同時株安や急激な円高等を引き起こし、その後長期間にわたって日本経済の不況が続くこととなった。

リレーションシップバンキング……17、48

金融機関が、借り手である顧客との間で親密な関係を継続して維持することにより、外部では通常入手しにくい借り手の信用情報などを入手し、その情報をもとに貸出等の金融サービスを提供するビジネスモデル。金融庁は2003年3月に「リレーションシップバンキングの機能強化に関するアクションプログラム」を発表し、以後も継続的に各金融機関が取り組んでいる。

参考文献

【当局等レポート】

「地域金融機関におけるシステム・プロジェクトの管理の現状について（地域金融機関147 行庫へのアンケート調査結果）」日本銀行（2007）

「金融機関におけるシステム共同化の現状と課題―地域銀行108行へのアンケート調査結果から―」日本銀行（2009）

「金融行政方針（平成27事務年度、平成28事務年度、平成29事務年度）」金融庁（2015、2016、2017）

「金融行政レポート（平成27事務年度、平成28事務年度）」金融庁（2015、2016）

「地方創生に向けた銀行界の取組みと課題」全国銀行協会（2016）

「金融機関における基幹システムの更改統合について」FISC（2017）

「地域金融の課題と競争のあり方（金融仲介の改善に向けた検討会議）」金融庁（2018）

「変革期における金融サービスの向上にむけて～金融行政のこれまでの実践と今後の方針（平成30事務年度）～について」金融庁（2018）

「キャッシュレス・ビジョン」経済産業省（2018）

「金融システムレポート（2019年4月号、2019年10月号）」日本銀行（2019）

「利用者を中心とした新時代の金融サービス～金融行政のこれまでの実践と今後の方針～（令和元事務年度）」金融庁（2019）

「銀行・信用金庫におけるデジタライゼーションへの対応状況―アンケート調査結果から―」日本銀行（2019）

「金融機関のITガバナンスに関する対話のための論点・プラクティスの整理」金融庁（2019）

「システム統合・更改に関するモニタリングレポート」金融庁（2019）

【金融機関再編】

『銀行消滅（上)』有森隆（2010）講談社

『銀行消滅（下)』有森隆（2010）講談社

『大予想 銀行再編 地銀とメガバンクの明日』津田倫男（2014）平凡社

『ドキュメント銀行 金融再編の20年史――1995-2015』前田裕之（2015）ディスカヴァー・トゥエンティワン

『官製金融改革と地銀再編 地方創生のためのスーパーリージョナルバンク構想』宇野輝（2015）金融財政事情研究会

『地銀大再編』高橋克英（2016）中央経済社

『地方銀行消滅』津田倫男（2016）朝日新聞出版

『ドキュメント 金融庁vs.地銀 生き残る銀行はどこか』読売新聞東京本社経済部

（2017）光文社

『地銀・信金ダブル消滅』津田倫男（2018）朝日新聞出版

『平成金融史　バブル崩壊からアベノミクスまで』西野智彦（2019）中央公論新社

『地銀波乱』日本経済新聞社（2019）日本経済新聞出版社

【金融機関統合事例】

『システム統合の「正攻法」世界最大のプロジェクト　三菱東京UFJ銀行「Day2」
　　に学ぶ』大和田尚孝（2009）日経BP社

『システム障害はなぜ二度起きたか　みずほ、12年の教訓』日経コンピュータ編集
　　（2011）日経BP社

『西日本シティ銀行誕生への道のり──合併は何故成功したか』西日本シティ銀行
　　合併史編纂委員会（2013）金融財政事情研究会

【M&A】

『ポストM&A　リーダーの役割』デビッド・フビーニ、コリン・プライス、マウリ
　　ツィオ・ゾロ（2007）ファーストプレス

『ポストM&A成功戦略』松江英夫（2008）ダイヤモンド社

『企業買収後の統合プロセス』前田絵理、菊池庸介（2014）中央経済社

『M&Aシナジーを実現するPMI 事業統合を成功へ導く人材マネジメントの実践』
　　ウイリス・タワーズワトソン（2016）東洋経済新報社

『企業買収の実務プロセス（第2版）』木俣貴光（2017）中央経済社

『M&A・組織再編スキーム　発想の着眼点50（第2版）』宮口徹（2017）中央経済
　　社

『最新版　M&A実務のすべて』北地達明、北爪雅彦、松下欣親、伊藤憲次（2019）
　　日本実業出版社

【地域金融機関経営】

『金融円滑化とリレーションシップバンキング（地域金融「哲学」シリーズ）』多胡
　　秀人、長濱裕士（2010）金融財政事情研究会

『地域活性化とリレーションシップバンキング（地域金融「哲学」シリーズ）』多胡
　　秀人、井須孝誠、内田芳樹、鹿児島銀行営業支援部、西堀武、北白川智、呉雅
　　俊（2010）金融財政事情研究会

『動産評価とリレーションシップバンキング（地域金融「哲学」シリーズ）』多胡秀
　　人、久保田清、尾川宏豪（2011）金融財政事情研究会

『地域発！日本再生』多胡秀人（2012）金融財政事情研究会

『ストラテジック・バンク 国内金融機関の新成長戦略』岡宏（2012）金融財政事情
　　研究会

『ザ・地銀──構造不況に打ち克つ長期ビジョン経営』髙橋昌裕（2014）金融財政
　　事情研究会

『地銀連携──その多様性の魅力』伊東眞幸（2014）金融財政事情研究会

『地銀の選択——一目置かれる銀行に』伊東眞幸（2014）金融財政事情研究会

『地銀の未来——明日への責任』伊東眞幸（2015）金融財政事情研究会

『地銀創生——コントリビューション・バンキング』伊東眞幸、家森信善（2015）金融財政事情研究会

『日本の地方銀行戦略の課題と展望』岩崎俊博（2015）野村資本市場研究所

『金融機関マネジメント』川本裕子（2015）東洋経済新報社

『地域金融のあしたの探り方』大庫直樹（2016）金融財政事情研究会

『捨てられる銀行』橋本卓典（2016）講談社

『捨てられる銀行2　非産運用』橋本卓典（2017）講談社

『よみがえる金融——協同組織金融機関の未来』新田信行（2017）ダイヤモンド社

『2025年の銀行員　地域金融機関再編の向こう側』津田倫男（2017）光文社

『対話する銀行——現場のリーダーが描く未来の金融』江上広行（2017）金融財政事情研究会

『銀行不要時代　生き残りの条件』吉澤亮二（2017）毎日新聞出版

『銀行員はどう生きるか』浪川攻（2018）講談社

『銀行経営変革』浜田陽二（2018）金融財政事情研究会

『金融排除——地銀・信金信組が口を閉ざす不都合な真実』橋本卓典（2018）幻冬舎

『捨てられる銀行3　未来の金融「計測できない世界」を読む』橋本卓典（2019）講談社

『金融庁2.0』上杉素直、玉木淳（2019）日本経済新聞出版社

『銀行員は生き残れるか』浪川攻（2019）悟空出版

『地銀衰退の真実　未来に選ばれし金融機関』浪川攻（2019）PHP研究所

『銀行員の逆襲』岡内幸策（2019）日本経済新聞出版社

【デジタル化】

『FinTechの衝撃　金融機関は何をすべきか』城田真琴（2016）東洋経済新報社

『対デジタル・ディスラプター戦略　既存企業の戦い方』マイケル・ウェイド、ジェフ・ルークス、ジェイムズ・マコーレー、アンディ・ノロニャ（2017）日本経済新聞出版社

『RPAの威力〜ロボットと共に生きる働き方改革〜』安部慶喜、金弘潤一郎（2017）日経BP社

『ジ・エンド・オブ・バンキング　銀行の終わりと金融の未来』ジョナサン・マクミラン（2018）かんき出版

『RPAの真髄〜先進企業に学ぶ成功の条件〜』安部慶喜、金弘潤一郎（2019）日経BP社

『アマゾン銀行が誕生する日　2025年の次世代金融シナリオ』田中道昭（2019）日経BP社

『BANK4.0　未来の銀行』ブレット・キング（2019）東洋経済新報社

【銀行システム】

『銀行システム入門〜銀行経営者とCIOが知っておくべき銀行システムの基礎知識〜』和田光正、銀行システム研究会（2013）キャリア教育出版

『進化する銀行システム　24時間365日動かすメインフレームの設計思想』花井志生、星野武史（2017）技術評論社

【プロジェクトマネジメント】

『失敗の本質　日本軍の組織論的研究』戸部良一、寺本義也、鎌田伸一、杉之尾孝生、村井友秀、野中郁次郎（1984）ダイヤモンド社

『プロジェクトマネージャー──プロジェクトを成功させる方法』蒲原寧（2011）ダイヤモンド社

システム統合リスク管理態勢に関する
考え方・着眼点（詳細編）

令和元年 6 月

はじめに

　システム統合[1]を伴う金融機関等（それらを傘下とする持株会社を含む。）の経営統合が、合併や持株会社化等により進展する中で、システム統合に係るリスクの管理態勢の充実・強化はますます重要なものとなっている。

　金融庁では、こうした状況に鑑み、検査において特に留意すべき項目を整理し、着眼点を明確にしておくことが必要と考え、平成14年12月に「システム統合リスク[2]管理態勢の確認検査用チェックリスト」を公表し、検査官が金融機関等を検査する際に用いる手引書として位置付けて、検査・監督において利用してきた。

　こうした背景のもと、金融庁では、重要なリスクに焦点を当てた検証や、問題の本質的な改善につながる原因分析・解明等を目指してきた。しかしながら同時に、検査官による形式的・些末な指摘が助長され、実質や全体像が

---

[1]　システム統合・更改の範囲及び内容については、経営統合によるシステム統合、共同センターシステムへの移行、基幹システムの構築・更改等、金融機関の存続基盤に関わる様々なプロジェクトの形態が考えられる。したがって、後述の考え方・着眼点においては、システム統合・更改の内容等に応じて、「統合」部分を読み替えすることが可能である。

[2]　「システム統合リスク」とは、システム統合における事務・システム等の準備が不十分なことにより、事務の不慣れ等から役職員が正確な事務を誤り、あるいはコンピュータシステムのダウン又は誤作動等が発生し、その結果、顧客サービスに混乱をきたす、場合によっては金融機関等としての存続基盤を揺るがす、さらには決済システムに重大な影響を及ぼすなど、顧客等に損失が発生するリスク、また統合対象金融機関等が損失を被るリスクである。

見失われるといった弊害等も認められたことを鑑み、平成30年6月に公表した「金融検査・監督の考え方と進め方（検査・監督基本方針）」において、平成30年度終了後（平成31年4月1日以降）を目処に廃止することとしている。

　一方、各金融機関等においては、システム統合に焦点を当てたガイドライン等が一般に公表されていないことから、システム統合や更改する際の着眼点として、同チェックリストが活用されてきた。このため、各金融機関等からは、検査マニュアルの廃止後も何らかの基準を残して欲しいといった要望も寄せられた。こうしたことから、金融機関等がシステム統合時に考慮すべき着眼点を示しておくことがシステムの安定稼働に向けて必要であると考え、「システム統合リスク管理態勢に関する考え方・着眼点（詳細編）」に改めることとした。

　本文書は、預金等受入金融機関のみならず、全ての金融機関等において利用されることを想定している。したがって、各金融機関等においては、業態の特性、金融機関等の規模、必要とされるシステム水準の差異及びシステム統合の範囲や内容等、実態を十分に考慮[3]した上で、本文書を利用することに留意する必要がある。

　また、本文書を公表することにより、金融機関等の自己責任原則の下、創意・工夫を十分に生かし、それぞれの規模・特性等に応じた、業務の健全性と適切性の確保、さらには経営管理のより一層の充実につながることが期待される。

3　既存の共同センターシステムを統合対象とする場合においては、自前のシステム同士を統合する場合に比べ、統合対象金融機関等が抱えるリスクには大きな差異がある可能性に十分考慮する。

【本文書の構成】

大項目	中項目	小項目
Ⅰ．経営陣のリスク管理に対する協調した取組み	ⅰ．経営統合に係るリスク管理態勢のあり方	1．経営統合に係るリスクに対する認識
		2．協調体制の整備
		3．顧客対応の重要性に対する認識等
		4．統合方針の確立
		5．ビジネスモデルの確立
		6．統合計画及び実行計画の策定
		7．統合プロジェクトの管理
		8．統合プロジェクトの移行判定
	ⅱ．システム統合に係るリスク管理態勢のあり方	1．システム統合に係るリスク管理体制の整備
		2．システムの移行判定
Ⅱ．協調したシステム統合リスク管理態勢のあり方	ⅰ．セキュリティ管理体制の整備	
	ⅱ．協調した事務リスク管理態勢のあり方	1．管理者の役割
		2．事務部門の組織整備
		3．用語の統一と事務規定の整備
		4．金融商品・サービス体系の整備
		5．営業部店網の整備
		6．顧客データの整備
		7．営業部店における対応
	ⅲ．協調したシステムリスク管理態勢のあり方	1．管理者の役割
		2．企画・開発・移行の体制
		3．システム開発の管理
		4．規定・マニュアルの整備
		5．テスト等

	iv. 協調した業務運営態勢のあり方	1. 運営体制の明確化
		2. 業務運営の検証
	v. 外部委託業務管理態勢のあり方	1. 外部委託業務管理
Ⅲ. 不測の事態への対応		1. 統合計画遅延時の対応
		2. コンティンジェンシープランの整備
		3. 統合日前後における不測の事態への対応
Ⅳ. 監査及び問題点の是正	i. 内部監査	1. 内部監査体制の整備
		2. 内部監査の手法及び内容
	ii. 第三者機関による評価	1. 第三者機関による評価の活用

【システム統合時に考慮すべき着眼点】

Ⅰ. 経営陣のリスク管理に対する協調した取組み

i. 経営統合[4]に係るリスク管理態勢のあり方

1. 経営統合に係るリスクに対する認識

(1) 統合対象金融機関等[5]の取締役会[6] (以下、「取締役会」という。) は、事務・システム等の統合準備が不十分なことにより、事務の不慣れ等から役

---

4 「経営統合」とは、合併、営業譲渡、持株会社化、子会社化及び業務提携等の経営再編をいう。

5 「統合対象金融機関等」とは、複数の金融機関等間でシステム統合を行う場合の、全ての金融機関等をいう。

6 「取締役会」は、統合対象金融機関等各々における取締役会を指す。「取締役会」の役割とされている項目については、取締役会自身においてその実質的内容を決定することが求められるが、その原案の検討を常務会等で行うことを妨げるものではない。預金等受入金融機関のうち協同組織金融機関においては、「取締役会」を「理事会」に読み替える。

職員が正確な事務を誤り、あるいはコンピュータシステムのダウン又は誤作動等が発生し、その結果、顧客サービスに混乱をきたす、場合によっては金融機関等としての存続基盤を揺るがす、さらには決済システムに重大な影響を及ぼす等の可能性があるということを十分に認識しているか。

(2) 取締役会は、その認識に基づき、システム統合リスクのみならず、経営統合全般に係るリスクを洗い出した上で、協調してリスク管理態勢を整備しているか。

(3) 取締役会は、全役職員に対して、当事者意識を持ってリスク管理を行うことの必要性及び重要性を周知しているか。

2. 協調体制の整備

(1) 取締役会は、統合プロジェクト[7]を統括管理する役員[8]及び部門[9]（以下、「統括役員及び部門」という。）を定め、統合対象金融機関等間において十分な意思疎通が図られる体制を整備しているか。また、その体制は、取締役会と統括役員及び部門との間の意思疎通が十分に図られるものとなっているか。

(2) (1)で整備した体制は、統括役員及び部門に対して、牽制が十分に働くものとなっているか。

(3) 取締役会は、統合に係る業務を外部委託[10]している場合、当該委託先と統括部門との間の意思疎通が十分に図られる体制を整備しているか。

---

7 「統合プロジェクト」とは、統合に係る計画・作業の総称であり、経営統合全般に係るプロジェクトをいう。

8 「統合プロジェクトを統括管理する役員」（以下、「統括役員」という。）とは、統合プロジェクトを統括管理する部門の長をいう。

9 「統合プロジェクトを統括管理する部門」（以下、「統括部門」という。）とは、統合対象金融機関等の全ての当事者が、統合プロジェクトに係る意思決定に十分に関与できるよう設置した組織をいう。なお、統括部門は、求められる機能が十分に発揮される限り、既存の部署であるか、新たに設置したプロジェクトチーム等であるか、その形態を問わない。

10 「外部委託」とは、1）他の企業に業務委託を行い当該企業の日常的な管理の下で業務執行が行われるケース、2）他の企業への業務委託は行われているものの、業務執行の日常的な管理を委託元金融機関等自身が行っているケース、いずれをもいう。

3．顧客対応の重要性に対する認識等

(1) 取締役会並びに統括役員及び部門は、経営統合を行うに当たり、顧客利便に十分に配慮することの重要性を認識しているか。特に、経営統合により既存の金融商品・サービス等に変更が生じる場合には、顧客に対する事前説明が重要であることを認識しているか。

(2) 取締役会並びに統括役員及び部門は、適切な顧客対応を行い得る、以下のような体制を、協調して整備しているか。

① 広報体制

② 顧客に対して適切な情報開示が行われる体制

③ 顧客からの問合せに対して適切に対応できる体制

(3) 取締役会並びに統括役員及び部門は、システム障害等の不測の事態が発生した場合、顧客に対する情報開示や顧客からの問合せに、迅速かつ正確に対応できる体制を整備しているか。

4．統合方針[11]の確立

(1) 統括役員及び部門は、統合方針を明確にし、組織全体に周知しているか。また、当該方針は、取締役会の承認を受けたものとなっているか。

(2) 統合方針は、統合対象金融機関等間で意見調整が十分になされた上で決定されたものとなっているか。

5．ビジネスモデル[12]の確立

(1) 統括役員及び部門は、統合方針に基づき、システムの統合方式、及び統合後の①組織体制、②金融商品・サービス体系、③システム構成、④営業部店網、⑤事務センターの構成等のビジネスモデルを明確にし、組織全体に周知しているか。また、当該ビジネスモデルは、取締役会の承認を受けたものとなっているか。

(2) ビジネスモデルは、統合対象金融機関等間で意見調整が十分になされた

---

11 「統合方針」とは、統合目的及び将来像で、経営統合全般に係る方針をいう。
12 「ビジネスモデル」とは、統合方針の下位概念である。

上で決定されたものとなっているか。特に、システムの選定に当たっては、その合理性、顧客利便性等について、十分に検討した上で決定しているか。

(3) 取締役会は、ビジネスモデルを実現するための手続き、要件等の決定が迅速かつ効果的に進むよう、意思決定を的確に行い、かつ取締役の業務執行の監督を十分に行っているか。

6．統合計画[13]及び実行計画[14]の策定

(1) 統括役員及び部門は、統合計画の妥当性について十分に検討した上で、それを明確に策定しているか。

(2) 統合計画は、期限を優先するあまり、リスク管理を軽視したものとなっていないか[15]。

(3) 取締役会は、統合計画を承認しているか。また、当該統合計画は、組織全体に周知されているか。

(4) 取締役会は、統合方針及び統合計画に沿った、適切かつ必要な資源配分を行っているか。

(5) 統括役員及び部門は、担当部門[16]が策定した実行計画について、その内容が統合計画と整合性のとれたものであるかどうかを十分に検証しているか。また、その状況について、必要に応じ、取締役会等に報告しているか。

(6) 実行計画は、要員面等の制約から見て適切なものとなっているか。また、期限を優先するあまり、リスク管理を軽視したものとなっていないか。

---

13 「統合計画」とは、統合プロジェクトの根幹を成す計画で、経営統合全般に係る計画をいう。

14 「実行計画」とは、統合計画をもとに策定される、より細部にわたる計画をいう。ただし、「統合計画」と別に策定されたものか否かを問わない。

15 期限設定の合理性について検証することに留意する。

16 「担当部門」とは、「リスク管理態勢のチェック項目に係る説明」に対応する業務を行う部門をいい、上位の組織か下位の組織かを問わない。

(7) 取締役会等17は、実行計画を承認しているか。また、当該実行計画は、組織全体に周知されているか。

7．統合プロジェクトの管理

(1) 取締役会並びに統括役員及び部門は、統合プロジェクトの進捗状況を的確に把握できる体制を整備しているか。

(2) 統括役員及び部門は、統合プロジェクトの進捗状況を的確に把握するとともに、把握した問題点等に対し適切な方策を講じているか。また、その状況について、必要に応じ、取締役会等に報告しているか。

(3) 万一、統合計画の見直しが必要であると判断した場合、重要度に応じて、取締役会等が迅速・適切に指示できる体制となっているか。

(4) 統合対象金融機関等間において、リスク管理やシステム開発に係る諸規程が異なる場合、取締役会等は、適切に所要の整備が図られているかを、的確に把握しているか18、19。

(5) 取締役会等は、諸規程を整備するに当たっては、適用に問題がないかどうかを的確に把握できる体制を整備しているか。

8．統合プロジェクトの移行判定

(1) 取締役会は、業務の移行判定基準（システムの移行判定基準を含む。）を承認しているか20。

(2) 統合後の業務運営体制（システムを含む。）へ移行するに当たっては、①

---

17 「取締役会等」には、取締役会のほか、常務会、経営会議等を含む。なお、「取締役会等」の役割とされている項目についても、取締役会自身において行われることが望ましいが、常務会等に委任している場合には、取締役会による明確な委任があること、常務会等の議事録の整備等により事後的検証を可能としていることに加え、取締役会に結果を報告する、又は、常務会等に監査役等の参加を認める等により、十分な内部牽制が確保されるような体制となっているかを確認する必要がある。預金等受入金融機関のうち協同組織金融機関においては、「取締役会等」を「理事会等」に読み替える。

18 単に規程を統一するのではなく、適用が可能かどうかを十分に検討した上で、諸規定を整備する必要があることに留意する。

19 整備を要する諸規定については、システム統合リスクに限らないことに留意する。

20 システムの移行判定にのみならず、統合後に業務としてリリースできるかどうかについて、より慎重に判定しているかどうかを検証する必要があることに留意する。

統括役員及び部門が移行判定基準に従いその可否を判断し、②それを取締役会で承認した後に実行するなど、より慎重に判断することとしているか。

ii．システム統合に係るリスク管理態勢のあり方
1．システム統合に係るリスク管理体制の整備

(1) 統括役員及び部門は、事務・システムの準備不足が統合プロジェクトに与える影響が大きいことなど、統合プロジェクトにおける事務・システム統合プロジェクトの重要性を十分に認識した上で、事務・システム統合プロジェクト[21]を統括管理する役員[22]及び部門[23]（以下、「事務・システム統括役員及び部門」という。）を定めているか。また、事務・システム統括役員は、統括部門の構成員となっているか。さらに、事務・システム統括役員は、事務・システムに精通していることが望ましい。

(2) 取締役会並びに統括役員及び部門（事務・システム統括役員及び部門を含む。）は、統合対象金融機関等間におけるリスク管理方針やリスク管理規程の差異を的確に把握しているか。また、統括役員及び部門は、それを踏まえ、管理者[24]に対して指示をするなど、適切な方策を講じているか。

(3) 統括役員及び部門（事務・システム統括役員及び部門を含む。）は、リスク管理状況を含む事務・システム統合プロジェクトの管理状況を的確に把握するとともに、把握した問題点等に対し適切な方策を講じているか。また、重要な問題点等については、取締役会に対し、適時適切に報告しているか。

21　「事務・システム統合プロジェクト」とは、統合プロジェクトのうち、事務・システムに係るものをいう。

22　「事務・システム統括役員」とは、事務・システム統合プロジェクトを統括管理する役員で、事務・システム統括部門の長をいう。

23　「事務・システム統括部門」とは、統合プロジェクトを統括管理する部門（統括部門）内に設置した部門をいう。

24　「管理者」とは、営業店長と同等かそれ以上の職責を負う上級管理職（取締役を含む。）をいう。

⑷　取締役会並びに統括役員及び部門（事務・システム部門を含む。）は、万一、何らかの理由により統合が遅延する等、不測の事態が生じた場合、適切に対応できる体制を整備しているか。

　　２．システムの移行判定

⑴　取締役会は、システムの移行判定基準を承認しているか[25]。

⑵　統合後のシステムへ移行するに当たっては、①統括役員及び部門が移行判定基準に従いその可否を判断し、②それを取締役会で承認した後に実行するなど、より慎重に判断することとしているか。

Ⅱ．協調したシステム統合リスク管理態勢のあり方

ⅰ．セキュリティ管理体制の整備

⑴　セキュリティ管理者は、統合対象金融機関等間におけるセキュリティ水準の差異を的確に認識し、必要に応じて基準等を見直しているか。また、統合後の業務を前提としたセキュリティ水準を確保しているか。

⑵　セキュリティ管理者は、見直した基準等のうち、統合前に適用可能なものについては、それに従ってセキュリティが適切に確保されているかを的確に把握しているか。

⑶　システム統合やセンター設備の設置・拡充を必要とするなど、見直した方針等の適用に時間を要する場合、セキュリティ確保のための適切な代替策を講じているか。

⑷　統合対象金融機関等間でのテストなどにおいて本番用顧客データ等の重要データを使用する場合について、当該データの貸与に係る方針、手続きを明確に定め、取締役会等の承認を受けているか。また、当該方針に基づきデータ貸与先との間で守秘義務契約を締結するなど、顧客データの管理は適切に行われているか[26]。

25　システムの移行判定のみならず、業務全般の移行判定に関する検証が重要である。（〔Ⅰ．ⅰ．8〕を参照）
26　外部委託先への貸与を含むことに留意する。

(5)　本番データの貸与に際しては、手続きに従った運用がなされるなど、セキュリティが適切に確保されているか。

ⅱ．協調した事務リスク管理態勢のあり方
1．管理者の役割[27]

(1)　管理者は、システム統合リスク管理の重要性を自覚し、担当者にシステム統合リスク軽減の重要性及び軽減のための方策を認識させるなど、適切な方策を講じているか。また、管理対象となるリスクを認識・評価しているか。

(2)　管理者は、システム統合に係る業務が、単に事務やシステムの統合に限らず、金融商品・サービスや営業部店の統廃合等、多岐にわたることを認識した上で、リスク管理を行っているか。

(3)　管理者は、リスク管理を行うに当たって、関係部署との連携を十分に図っているか。

(4)　管理者は、事務統合プロジェクトの進捗状況を定期的にチェックするとともに、把握した問題点等に対し適切な方策を講じているか。また、部門内で解決できない問題点等については、取締役会等または統括役員及び部門に対し、迅速かつ正確に報告しているか。

(5)　管理者は、役職員が事務変更に的確に対応できるよう、研修や事務指導を実施しているか。

(6)　管理者は、統合後に変更することとなる事務処理方法の習熟度合いを、統合前の段階から定期的に検証しているか。また、把握した問題点等に対し適切な方策を講じているか。特に、各営業部店で共通するような問題点等については、必要に応じ教育カリキュラム等の見直し、改善を行っているか。

27　「管理者の役割」について、合理的な理由がある場合においては、必ずしも管理者自らが行う必要はなく、状況に応じて、管理者の指示に基づき担当部門の職員が行うことを妨げない。

2．事務部門の組織整備

(1) システム統合に当たり整備が必要となる事務規定を整備する部署を明確にしているか。

(2) 事務処理に係る営業部店からの問合せに迅速かつ正確に対応できる体制を整備しているか[28]。

(3) システム統合後に事務量が増大する可能性が高いことを認識し、十分な事務処理能力を確保できる体制を整備しているか。

3．用語の統一と事務規定の整備

(1) 統合対象金融機関等において使用している用語の定義・解釈に相違がないかを確認しているか。相違がある場合、それらを修正するなど適切な方策を講じているか。また、修正後の用語の定義・解釈は組織全体に周知されているか[29]。

(2) 事務規定は、システム統合後の業務を網羅し、かつ法令等に則り整備されているか。

4．金融商品・サービス体系の整備

(1) 統合対象金融機関等間の金融商品・サービスを照合し、その差異や類似性を検討した上で、統合後の金融商品・サービスの体系を決定しているか。また、その決定に当たっては、顧客利便への配慮[30]を十分に行っているか。

(2) 統合後の金融商品・サービス体系への移行や顧客に対する説明に係る方針・計画を明確に定め、取締役会等の承認を受けているか。また、それに

---

28 統合後のみならず、統合公表以降の問合せに対応できる体制を整備する必要があることに留意する。

29 事務規定等の整備については、システムテスト（総合テスト、総合運転テスト）の開始までに、テストに必要な範囲で完了している必要があることに留意する。
【参考】システムテストについては、「金融機関等コンピュータシステムの安全対策基準」（公益財団法人金融情報システムセンター編）における実務基準8⑵「ソフトウェア等の品質向上対策」「実92」を参照。

30 「顧客利便への配慮」とは、既存の金融商品・サービスを廃止してはいけないということではないことに留意する。

沿った具体的方法が定められているか。

(3) 既存の金融商品・サービスの統廃合を伴う場合、営業部店に対して周知するとともに、顧客に対しても十分に説明しているか。また、顧客において手続きの変更が必要となる場合、その手続きが所定の期間内に完了するよう、適切な方策を講じているか。

5．営業部店[31]網の整備

(1) 重複する地域や店名、店番号等を整理し、新営業部店網を決定しているか。

(2) 新営業部店網への移行や顧客に対する説明に係る方針・計画を明確に定め、取締役会等の承認を受けているか。また、それに沿った具体的方法が定められているか。

(3) 営業部店の統廃合に際し、店名、店番号の変更が伴う場合には、顧客に対して適時適切に説明しているか。

6．顧客データの整備

(1) 統合対象金融機関等間において顧客名等の登録内容が異なる場合、その違いを認識し、登録内容を整理するなど、適切な方策を講じているか。

7．営業部店における対応

(1) 統合対象金融機関等の営業部店長等（以下、「営業部店長等」という。）は、統合後に事務の不慣れにより顧客サービスに混乱をきたすといったリスクが存在することを認識し、担当者にリスク管理の重要性を認識させるなど、統合プロジェクトに関する本部方針を周知徹底し、適切な方策を講じているか。

(2) 営業部店長等は、統合後の事務の変更が事務量に与える影響について十分に認識しているか。また、それを踏まえた研修等を実施することにより、店内体制の整備を適切に行っているか。さらに、事務量が増大する可

---

31 「営業部店」とは、支社、支店、営業本部、営業店、事務集中センター、海外支店、現地法人等を含むものである。

能性がある場合においては、本部に対し迅速に報告する等、適切な方策を
講じているか。

⑶　営業部店長等は、統合後の事務の習熟度合いについて、統合前の段階に
おいて定期的にチェックし、把握した問題点等に対し適切に対応している
か。

ⅲ．協調したシステムリスク管理態勢のあり方
１．管理者の役割

⑴　管理者は、システム統合リスク管理の重要性を自覚し、担当者にシステ
ム統合リスク軽減の重要性及び軽減のための方策を認識させるなど、適切
な方策を講じているか。また、管理対象となるリスクを認識・評価してい
るか。

⑵　管理者は、システム統合に係る業務が、単に事務やシステムの統合に限
らず、金融商品・サービスや営業部店の統廃合等、多岐にわたることを認
識した上で、リスク管理を行っているか。

⑶　管理者は、リスク管理を行うに当たって、関係部署との連携を十分に
図っているか。

⑷　管理者は、システム統合プロジェクトの進捗状況を定期的にチェックす
るとともに、把握した問題点等に対し適切な方策を講じているか。また、
部門内で解決できない問題点等については、取締役会等または統括役員及
び部門に対し、迅速かつ正確に報告しているか。

⑸　管理者は、役職員がシステム環境の変更に的確に対応できるよう、研修
等を実施しているか。

２．企画・開発・移行の体制

⑴　システムの統合方式を明確にした上で、システム開発の前提となる業務
要件を整備しているか。

⑵　業務要件の変更等が必要となった場合の手続きが明確に定められている
か。

(3)　各工程の検証及び承認ルールを明確にしているか。

(4)　統合後のシステム及びセンターの構成を明確にしているか。また、システム構成を二重化するなど、安全面に十分に配慮しているか。

(5)　統合後のシステムで使用するファイルやデータベースを具体的に決定しているか。

(6)　既存システムで使用しているファイルやデータベースを照合し、データ項目毎に、プログラムによって移行可能な項目と、移行に際して手作業が必要となる項目を明確にしているか。

(7)　統合後にデータ処理量が増大することを認識し、バッチジョブの処理時間やハードウェアの処理能力等を十分に検討した上で、運用部門と連携を図りシステムを設計しているか。また、想定される事務量を適切に処理できるだけのハードウェアを確保しているか。

(8)　開発計画や体制を具体的に定め、取締役会等の承認を受けているか。また、開発計画は期限を優先するあまり、リスク管理を軽視したものとなっていないか。

(9)　開発計画では、データの移行計画や体制等を具体的に定めているか。また、移行計画には本番を想定した訓練が織り込まれているか。

3．システム開発の管理

(1)　システム統合作業における開発に関わる書類やプログラムの作成方式を標準化しているか。

(2)　システム開発プロジェクトを統括する責任者及び開発プロジェクト毎の責任者を定めているか。

(3)　(2)の責任者は、システムの重要度及び性格を踏まえた上で、システム開発の進捗状況をチェックしているか。

4．規定・マニュアルの整備

(1)　設計、開発、運用に関する規定・マニュアルが存在しているか。また、規定・マニュアルは必要に応じて見直され、それが必要部署に周知されているか。

(2)　設計書等の統合開発に関わる書類の作成に当たっては、標準規約を制定し、それに準拠して作成していることが望ましい。

(3)　マニュアルやドキュメント類は、統合対象金融機関等間で理解ができるものとなっているか[32]。

5．テスト等

(1)　レビューやテスト不足が原因で、顧客に影響が及ぶような障害や経営判断に利用されるリスク管理用資料等の重大な誤算が発生しないようなテスト体制を整備しているか。

(2)　レビュー実施計画を策定するとともに、工程毎のレビュー実施状況を検証し、品質状況を管理しているか。また、その結果に基づく問題点の把握と課題管理を適切に行っているか[33]。

(3)　テスト計画を策定しているか。また、テスト計画は、システム統合に伴う開発内容に適合したものとなっているか[34]、[35]。

(4)　テスト計画には、関係諸機関や対外接続先とのテストが含まれているか[36]。

(5)　テスト計画には、負荷テスト、障害テスト等が含まれているか。

(6)　品質管理基準を設定し、テスト結果を検証しているか。

(7)　システムテスト（総合テスト、総合運転テスト）に統合対象金融機関等のユーザー部署[37]（以下、「ユーザー部署」という。）及びシステム運用部署が参加しているか。また、ユーザー部署主導で行われるテスト内容が含まれるなど、ユーザーの主体的関与が確保されているか。さらに、移行判定に当たっては、システムテスト（総合テスト、総合運転テスト）の結果を踏ま

---

[32]　外部委託先においても、理解ができるものとなっている必要があることに留意する。

[33]　【参考】システムテストについては、「金融機関等コンピュータシステムの安全対策基準」（公益財団法人金融情報システムセンター編）における実務基準8⑵「ソフトウェア等の品質向上対策」を参照。

[34]　必要に応じて、より本番に近いテスト環境を準備する必要があることに留意する。

[35]　テストには、必要に応じて営業部店等も参加する必要があることに留意する。

[36]　対外接続先には、決済機関及び顧客等を含むことに留意する。

[37]　「ユーザー部署」とは、本部各部、営業店等のシステム利用部署をいう。

えて、ユーザー部署及びシステム運用部署が評価に加わっているか。

(8) 検収に当たっては、内容を十分に理解できる役職員により行われているか。

ⅳ．協調した業務運営態勢のあり方

1．運営体制の明確化

(1) システム統合後のデータ受付、オペレーション、作業結果確認、データやプログラムの保管・管理の職務分担を定め、統合後の運営体制を明確にしているか[38]。

(2) システム統合後のシステムやスタッフの構成等の変化に十分に対応できるような体制を、統合前の段階から明確にしているか。

2．業務運営の検証

(1) システム統合後の業務運営が円滑に進むよう、システム部門と事務部門等関係部署は、統合前から十分に連携して環境を整備しているか[39]。

(2) データの移行計画に基づき、本番を想定した訓練を実施しているか[40]。

(3) システム統合後のシステムオペレーションについて、十分に訓練を実施しているか。また、訓練にはユーザー部門も参加しているか[41]。

(4) より本番に近い環境で、日次・月次・年次等の処理が所定の時間内に完了することを確認しているか。また、データ処理等が所定の時間内で終了できる環境を整備しているか[42]。

---

[38] システム統合後においては、システムの構成、スタッフの構成等が変化することから、それに対応できるような体制を整備しているかどうかを、業務全般がワークするかといった観点から検証する必要があることに留意する。

[39] システム運営のみならず、業務全般の運営が円滑に進むような環境を整備する必要があることに留意する。

[40] 【参考】システムテストについては、「金融機関等コンピュータシステムの安全対策基準」（公益財団法人金融情報システムセンター編）における実務基準7「システム開発・変更」を参照。

[41] ユーザー部門とは、事務部門、システム部門のみならず、事務センター、コンピューターセンター、営業部店等を含むことに留意する。その上で、全ての関係部署間の連携が十分に機能しているかを検証する必要があることに留意する。

(5) システム統合日前において、統合前のシステムと統合後のシステムを並行稼動させる場合、その運用体制を十分に検証しているか。

ⅴ. 外部委託業務管理態勢のあり方

1. 外部委託業務管理

(1) 業務を外部委託する場合であっても、その進捗管理を外部委託先任せとするのではなく、委託者自らが主体的に関与する体制を構築しているか。

(2) 外部委託業務の範囲を、委託先との間で明確にしているか。

(3) 外部委託業務の内容及びその進捗状況を的確に把握しているか。また、重要な問題点等が認められた場合、取締役会等に対し速やかに報告される体制を整備しているか。さらに、外部委託先と連携して速やかに是正できる体制となっているか。

(4) 外部委託先における委託業務に係るセキュリティ管理状況を定期的にチェックしているか。

(5) 外部委託した業務については、業務の内容に応じ、第三者機関による評価を受けていることが望ましい。

Ⅲ. 不測の事態への対応

1. 統合計画遅延時の対応

(1) 統合計画に比して遅延した場合等のスケジュールを見直す基準が定められているか。また、当該基準は、取締役会の承認を受けているか[43]。

(2) 統括役員及び部門は、統合計画の進捗状況から判断し、見直し基準に抵触していないかどうかをチェックしているか。また、取締役会は、見直し基準に抵触する事態が発生した場合、適切な対応が図られる体制を整備しているか。

42　例えば、口座振替に係るデータを管理するシステムなどが該当する。

43　当該見直し基準については、各工程などにおいて定められているかどうかも踏まえ検証することに留意する。

2．コンティンジェンシープランの整備

(1)　既存のコンティンジェンシープランについて、システム統合後のシステムの構成や組織体制に基づいた見直しを行った上で、取締役会の承認を受けているか。

(2)　コンティンジェンシープランの発動権限者及び発動基準は明確に定められているか。

(3)　コンティンジェンシープランに基づく訓練は実施されているか。なお、統合後の体制をできるだけ早い段階で明確にした上で、訓練を実施していることが望ましい。

　　3．統合日前後における不測の事態への対応

(1)　システム統合日前後[44]における不測の事態への対応プラン[45]（システム統合の中止を含む。）を整備しているか。また、それは、取締役会の承認を受けているか。

(2)　当該プランには、移行開始後における不測の事態への対応が含まれているか。

(3)　当該プランの発動権限者及び発動基準は明確に定められているか。

(4)　当該プランに基づく訓練は実施されているか。

Ⅳ．監査及び問題点の是正

ⅰ．内部監査

1．内部監査体制の整備

(1)　統合対象金融機関等の内部監査部門（以下、「内部監査部門」という。）は、協調して業務監査及びシステム監査を行うことができる体制となっているか。また、システムの開発過程等プロセス監査に精通した要員を確保しているか。

44　「システム統合日前後」には、システムの並行稼動開始日前後を含むことに留意する。
45　対応プランには、監督当局、日本銀行等関係諸機関への連絡体制を含む。

(2)　内部監査部門は、必要に応じて業務監査とシステム監査を連携して行うことができる体制となっているか。

2．内部監査の手法及び内容

(1)　内部監査部門は、監査手法の決定、あるいは監査計画策定に当たり、統合対象金融機関等間で意思疎通を図っているか。また、監査計画については、統合プロジェクト開始段階からの計画を含んでいるか。

(2)　内部監査結果は、統括役員及び部門に対して、適切に報告されているか。また、重要な事項については、代表取締役及び取締役会に対し、遅滞なく報告されているか。さらに、代表取締役及び取締役会は、報告された重大な問題点等について、適切な措置を講じているか[46]。

(3)　内部監査部門は、問題点等の是正状況について、協調して適切なフォローアップを行っているか。

(4)　内部監査部門は、事務・システム部門（事務・システム子会社を含む。）におけるリスクの管理状況を把握した上で、リスクレベルに応じて、適切な頻度で内部監査を行っているか[47]。

(5)　外部委託した業務について、内部監査の対象とできない場合には、当該業務の所管部署による管理状況を監査対象としているか。

ⅱ．第三者機関による評価

1．第三者機関による評価の活用

(1)　取締役会等は、システム統合に係る重要事項[48]の意思決定に際しては、第三者機関による評価[49]を活用しているか[50]。また、システム統合に限らず、統合プロジェクト全般についても、第三者機関による評価の対象とし

46　「適切な措置を講じているか」の検証に当たっては、統括役員及び部門の連携についても留意する。

47　システム開発部門以外の部門についても、リスクレベルに応じ、適切な頻度で内部監査を行う必要があることに留意する。

48　「システム統合に係る重要事項」とは、システム統合に係る管理態勢等につき、取締役会又は監査役会が必要と判断した事項をいう。

ていることが望ましい。

(2)　第三者機関による評価の結果認められた重大な問題点等は、取締役会又は監査役会[51]に正確に報告されているか。また、取締役会は、報告された重大な問題点等について、適切な措置を講じているか。

49　ここにいう「第三者機関による評価」とは、例えばシステム監査人によるシステム監査、公認会計士等による内部管理態勢の有効性の評価、コンサルティング会社等による評価、指摘、助言等をいう。

50　「重要事項の意思決定に際しての第三者機関による評価の活用」の度合いについては、業態の特性、金融機関等の規模、必要とされるシステム水準の差異及びシステム統合の範囲や内容等、実態に応じて検証する。必ずしも字義通りの対応がなされていない場合であっても、金融機関等の行っている対応が合理的なものであり、さらに、チェック項目に記述されているものと同様の効果がある、あるいは業態の特性、金融機関等の規模、必要とされるシステム水準の差異及びシステム統合の範囲や内容等の実態にかんがみ十分なものである、と認められるのであれば、不適切とするものではない。

51　「監査役会」については、証券会社のうちその設置を要しない会社及び投信・投資一任業者にあっては「監査役」とする。預金等受入金融機関のうち協同組織金融機関においては、「監査役、監査役会」を「監事」に読み替える。

謝　辞

　本書は、本当に沢山の皆様に支えられてできあがりました。まずは、普段からわれわれとお付き合いいただいている地域金融機関の皆様に感謝したいと思います。厳しい外部環境のなか、それぞれの立場で直面する問題に悩みながらも常に真剣に向き合い、将来を見据えた取組みをされている姿にはさまざまな刺激とともに感銘を受けています。そのような何事にもかえがたい経験が本書を出版しようとする意欲につながりました。

　加えて、われわれとともにプロジェクトを支え、愚直にお客様を支援し続けてくれているアビームコンサルティングとサインポストのプロジェクトメンバーの皆にも本当に感謝しています。本書につながるプロジェクトノウハウを蓄積できたのは、ひとえに皆の弛まぬ努力にあると思っています。特に、繁忙を極めるなかでも事例整理や執筆素材準備等について協力いただいた、アビームコンサルティングの中田亨氏、落合康裕氏、疋野輝紀氏、菊地有氏、木村政実氏、サインポストの鵜飼篤氏、田中博勝氏に感謝の意を表します。

　また、普段からわれわれを支え、応援してくれている家族の協力がなければ本書は完成しなかったと思います。あらためて心から感謝します。

　最後に、本書の価値をお認めいただき、出版にご尽力いただいたきんざい出版部の堀内駿様にはこの場を借りて厚く御礼申し上げます。

アビームコンサルティング株式会社

大野　　晃

サインポスト株式会社

西島　康隆

地域金融機関の合併の実務
——これからの経営統合・合併を考える

2020年1月9日　第1刷発行

著　者　大野　　晃・西島　康隆
発行者　加藤　一浩

〒160-8520　東京都新宿区南元町19
発　行　所　一般社団法人 金融財政事情研究会
企画・制作・販売　株式会社きんざい
出　版　部　TEL 03(3355)2251　FAX 03(3357)7416
販売受付　TEL 03(3358)2891　FAX 03(3358)0037
URL https://www.kinzai.jp/

校正：株式会社友人社／印刷：三松堂株式会社

ISBN978-4-322-13513-8